ARMÉNIO
VOCABULÁRIO

PALAVRAS MAIS ÚTEIS

PORTUGUÊS
ARMÉNIO

Para alargar o seu léxico e apurar
as suas competências linguísticas

3000 palavras

Vocabulário Português-Arménio - 3000 palavras
Por Andrey Taranov

Os vocabulários da T&P Books destinam-se a ajudar a aprender, a memorizar, e a rever palavras estrangeiras. O dicionário é dividido em temas, cobrindo todas as principais esferas de atividades quotidianas, negócios, ciência, cultura, etc.

O processo de aprendizagem, utilizando os dicionários baseados em temáticas da T&P Books dá-lhe as seguintes vantagens:

- Informação de origem corretamente agrupada predetermina o sucesso em fases subsequentes da memorização de palavras
- Disponibilização de palavras derivadas da mesma raiz, o que permite a memorização de unidades de texto (em vez de palavras separadas)
- Pequenas unidades de palavras facilitam o processo de estabelecimento de vínculos associativos necessários para a consolidação do vocabulário
- O nível de conhecimento da língua pode ser estimado pelo número de palavras aprendidas

Copyright © 2019 T&P Books Publishing

Todos os direitos reservados. Nenhuma parte desta publicação pode ser reproduzida, total ou parcialmente, por quaisquer métodos ou processos, sejam eles eletrónicos, mecânicos, de fotocópia ou outros, sem a autorização escrita do editor. Esta publicação não pode ser divulgada, copiada ou distribuída em nenhum formato.

T&P Books Publishing
www.tpbooks.com

ISBN: 978-1-78400-944-1

Este livro também está disponível em formato E-book.
Por favor visite www.tpbooks.com ou as principais livrarias on-line.

VOCABULÁRIO ARMÉNIO
palavras mais úteis

Os vocabulários da T&P Books destinam-se a ajudar a aprender, a memorizar, e a rever palavras estrangeiras. O vocabulário contém mais de 3000 palavras de uso comum organizadas tematicamente.

O vocabulário contém as palavras mais comummente usadas
Recomendado como adicional para qualquer curso de línguas
Satisfaz as necessidades dos iniciados e dos alunos avançados de línguas estrangeiras
Conveniente para o uso diário, sessões de revisão e atividades de auto-teste
Permite avaliar o seu vocabulário

Características especias do vocabulário

- As palavras estão organizadas de acordo com o seu significado, e não por ordem alfabética
- As palavras são apresentadas em três colunas para facilitar os processos de revisão e auto-teste
- As palavras compostas são divididas em pequenos blocos para facilitar o processo de aprendizagem
- O vocabulário oferece uma transcrição simples e adequada de cada palavra estrangeira

O vocabulário contém 101 tópicos incluindo:

Conceitos básicos, Números, Cores, Meses, Estações do ano, Unidades de medida, Roupas & Acessórios, Alimentos & Nutrição, Restaurante, Membros da Família, Parentes, Caráter, Sentimentos, Emoções, Doenças, Cidade, Passeios, Compras, Dinheiro, Casa, Lar, Escritório, Trabalho no Escritório, Importação & Exportação, Marketing, Pesquisa de Emprego, Desportos, Educação, Computador, Internet, Ferramentas, Natureza, Países, Nacionalidades e muito mais ...

TABELA DE CONTEÚDOS

Guia de pronunciação	8
Abreviaturas	9

CONCEITOS BÁSICOS — 10

1. Pronomes — 10
2. Cumprimentos. Saudações — 10
3. Questões — 11
4. Preposições — 11
5. Palavras funcionais. Advérbios. Parte 1 — 12
6. Palavras funcionais. Advérbios. Parte 2 — 13

NÚMEROS. DIVERSOS — 15

7. Números cardinais. Parte 1 — 15
8. Números cardinais. Parte 2 — 16
9. Números ordinais — 16

CORES. UNIDADES DE MEDIDA — 17

10. Cores — 17
11. Unidades de medida — 17
12. Recipientes — 18

VERBOS PRINCIPAIS — 20

13. Os verbos mais importantes. Parte 1 — 20
14. Os verbos mais importantes. Parte 2 — 21
15. Os verbos mais importantes. Parte 3 — 21
16. Os verbos mais importantes. Parte 4 — 22

TEMPO. CALENDÁRIO — 24

17. Dias da semana — 24
18. Horas. Dia e noite — 24
19. Meses. Estações — 25

VIAGENS. HOTEL 28

20. Viagens 28
21. Hotel 28
22. Turismo 29

TRANSPORTES 31

23. Aeroporto 31
24. Avião 32
25. Comboio 32
26. Barco 33

CIDADE 36

27. Transportes urbanos 36
28. Cidade. Vida na cidade 37
29. Instituições urbanas 38
30. Sinais 39
31. Compras 40

VESTUÁRIO & ACESSÓRIOS 42

32. Roupa exterior. Casacos 42
33. Vestuário de homem & mulher 42
34. Vestuário. Roupa interior 43
35. Adereços de cabeça 43
36. Calçado 43
37. Acessórios pessoais 44
38. Vestuário. Diversos 44
39. Cuidados pessoais. Cosméticos 45
40. Relógios de pulso. Relógios 46

EXPERIÊNCIA DO QUOTIDIANO 47

41. Dinheiro 47
42. Correios. Serviço postal 48
43. Banca 48
44. Telefone. Conversação telefónica 49
45. Telefone móvel 50
46. Estacionário 50
47. Línguas estrangeiras 51

REFEIÇÕES. RESTAURANTE 53

48. Por a mesa 53
49. Restaurante 53
50. Refeições 53
51. Pratos cozinhados 54
52. Comida 55

53. Bebidas	57
54. Vegetais	58
55. Frutos. Nozes	58
56. Pão. Bolaria	59
57. Especiarias	60

INFORMAÇÃO PESSOAL. FAMÍLIA	**61**
58. Informação pessoal. Formulários	61
59. Membros da família. Parentes	61
60. Amigos. Colegas de trabalho	62

CORPO HUMANO. MEDICINA	**63**
61. Cabeça	63
62. Corpo humano	64
63. Doenças	64
64. Sintomas. Tratamentos. Parte 1	66
65. Sintomas. Tratamentos. Parte 2	67
66. Sintomas. Tratamentos. Parte 3	68
67. Medicina. Drogas. Acessórios	68

APARTAMENTO	**70**
68. Apartamento	70
69. Mobiliário. Interior	70
70. Quarto de dormir	71
71. Cozinha	71
72. Casa de banho	72
73. Eletrodomésticos	73

A TERRA. TEMPO	**74**
74. Espaço sideral	74
75. A Terra	75
76. Pontos cardeais	76
77. Mar. Oceano	76
78. Nomes de Mares e Oceanos	77
79. Montanhas	78
80. Nomes de montanhas	79
81. Rios	79
82. Nomes de rios	80
83. Floresta	80
84. Recursos naturais	81
85. Tempo	82
86. Tempo extremo. Catástrofes naturais	83

FAUNA	**85**
87. Mamíferos. Predadores	85
88. Animais selvagens	85

89.	Animais domésticos	86
90.	Pássaros	87
91.	Peixes. Animais marinhos	89
92.	Amfíbios. Répteis	89
93.	Insetos	90

FLORA 91

94.	Árvores	91
95.	Arbustos	91
96.	Frutos. Bagas	92
97.	Flores. Plantas	92
98.	Cereais, grãos	94

PAÍSES DO MUNDO 95

99.	Países. Parte 1	95
100.	Países. Parte 2	96
101.	Países. Parte 3	97

GUIA DE PRONUNCIAÇÃO

Alfabeto fonético T&P	Exemplo Arménio	Exemplo Português
[a]	ճանաչել [čanačél]	chamar
[ə]	փախսալ [pʰəspʰəsál]	milagre
[e]	հեկտար [hektár]	metal
[ē]	էկրան [ēkrán]	mesquita
[i]	ֆիզիկոս [fizikós]	sinónimo
[o]	շոկոլադ [šokolád]	lobo
[u]	հույնուհի [hujnuhí]	bonita
[b]	բամբակ [bambák]	barril
[d]	դադար [dadár]	dentista
[f]	ֆաբրիկա [fábrika]	safári
[g]	գանգ [gang]	gosto
[j]	ջյույմ [djujm]	géiser
[h]	հայուհի [hajuhí]	[h] aspirada
[x]	խախտել [xaxtél]	fricativa uvular surda
[k]	կոճակ [kočák]	kiwi
[l]	փլվել [pʰlvel]	libra
[m]	մտածել [mtatsél]	magnólia
[t]	տաքսի [taksí]	tulipa
[n]	նրանք [nrankʰ]	natureza
[r]	լար [lar]	riscar
[p]	պոմպ [pomp]	presente
[ġ]	տղամարդ [tġamárd]	[r] vibrante
[s]	սուս [soús]	sanita
[ts]	ծանոթ [tsanótʰ]	tsé-tsé
[v]	վոստիկան [vostikán]	fava
[z]	զանգ [zang]	sésamo
[kʰ]	երեք [erékʰ]	[k] aspirada
[pʰ]	փրկել [pʰrkel]	[p] aspirada
[tʰ]	թատրոն [tʰatrón]	[t] aspirada
[tsʰ]	ակնոց [aknótsʰ]	[ts] aspirado
[ʒ]	ժամանակ [ʒamanák]	talvez
[dz]	օձիք [odzíkʰ]	pizza
[dʒ]	հաջող [hadʒóg]	adjetivo
[č]	վիճել [vičél]	Tchau!
[š]	շահույթ [šahújtʰ]	mês
[']	բաժակ [baʒák]	acento principal

ABREVIATURAS
usadas no vocabulário

Abreviaturas do Português

adj	-	adjetivo
adv	-	advérbio
anim.	-	animado
conj.	-	conjunção
desp.	-	desporto
etc.	-	etecetra
ex.	-	por exemplo
f	-	nome feminino
f pl	-	feminino plural
fem.	-	feminino
inanim.	-	inanimado
m	-	nome masculino
m pl	-	masculino plural
m, f	-	masculino, feminino
masc.	-	masculino
mat.	-	matemática
mil.	-	militar
pl	-	plural
prep.	-	preposição
pron.	-	pronome
sb.	-	sobre
sing.	-	singular
v aux	-	verbo auxiliar
vi	-	verbo intransitivo
vi, vt	-	verbo intransitivo, transitivo
vr	-	verbo reflexivo
vt	-	verbo transitivo

Pontuação do Arménio

́	-	Ponto de exclamação
̊	-	Ponto de interrogação
,	-	Vírgula

CONCEITOS BÁSICOS

1. Pronomes

eu	ես	[es]
tu	դու	[du]
ele, ela	նա	[na]
nós	մենք	[menkʰ]
vocês	դուք	[dukʰ]
eles, elas	նրանք	[nrankʰ]

2. Cumprimentos. Saudações

Olá!	Բարև́	[barév]
Bom dia! (formal)	Բարև́ ձեզ	[barév dzéz!]
Bom dia! (de manhã)	Բարի լույս	[barí lújs!]
Boa tarde!	Բարի օ́ր	[barí ór!]
Boa noite!	Բարի երեկո́	[barí jerekó!]
cumprimentar (vt)	բարևել	[barevél]
Olá!	Ողջո́ւյն	[voġʒújn!]
saudação (f)	ողջույն	[voġʒújn]
saudar (vt)	ողջունել	[voġʒunél]
Como vai?	Ո́նց են գործերդ	[vontsʰ en gortsérd?]
O que há de novo?	Ի́նչ նորություն	[inč norutʰjún?]
Até à vista!	Ցտեսությո́ւն	[tsʰtesutʰjún!]
Até breve!	Մինչ նոր հանդիպում́	[mínč nór handipúm!]
Adeus! (sing.)	Մնաս բարով́	[mnas baróv!]
Adeus! (pl)	Մնաք բարով́	[mnakʰ baróv!]
despedir-se (vr)	հրաժեշտ տալ	[hraʒéšt tál]
Até logo!	Առա́յժմ	[arájʒm!]
Obrigado! -a!	Շնորհակալությո́ւն	[šnorhakalutʰjún!]
Muito obrigado! -a!	Շատ շնորհակա́լ եմ	[šat šnorhakál em!]
De nada	Խնդրեմ	[xndrem]
Não tem de quê	Հոգ չէ	[hog čē]
De nada	չարժե	[čarʒé]
Desculpa!	Ներողությո́ւն	[neroġutʰjún!]
Desculpe!	Ներեցե́ք	[neretsʰékʰ!]
desculpar (vt)	ներել	[nerél]
desculpar-se (vr)	ներողություն խնդրել	[neroġutʰjún χndrél]
As minhas desculpas	Ներեցեք	[neretsʰékʰ]
Desculpe!	Ներեցե́ք	[neretsʰékʰ!]
perdoar (vt)	ներել	[nerél]

por favor	խնդրում եմ	[xndrúm em]
Não se esqueça!	Չմոռանա՛ք	[čmoranákʰ!]
Certamente! Claro!	Իհա՛րկե	[ihárke!]
Claro que não!	Իհարկե ոչ	[ihárke voč!]
Está bem! De acordo!	Համաձա՛յն եմ	[hamadzájn em!]
Basta!	Բավական է	[bavakán ē!]

3. Questões

Quem?	Ո՞վ	[ov?]
Que?	Ի՞նչ	[inč?]
Onde?	Որտե՞ղ	[vortéġ?]
Para onde?	Ու՞ր	[ur?]
De onde?	Որտեղի՞ց	[vorteġítsʰ?]
Quando?	Ե՞րբ	[erb?]
Para quê?	Ինչու՞	[inčú?]
Porquê?	Ինչու՞	[inčú?]
Para quê?	Ինչի՞ համար	[inčí hamár?]
Como?	Ինչպե՞ս	[inčpés?]
Qual?	Ինչպիսի՞	[inčpisí?]
Qual? (entre dois ou mais)	Ո՞րը	[voré?]
A quem?	Ու՞մ	[um?]
Sobre quem?	Ու՞մ մասին	[úm masín?]
Do quê?	Ինչի՞ մասին	[inčí masín?]
Com quem?	Ու՞մ հետ	[úm het?]
Quanto, -os, -as?	Քանի՞	[kʰaní?]
De quem? (masc.)	Ու՞մ	[um?]

4. Preposições

com (prep.)	... հետ	[... het]
sem (prep.)	առանց	[arántsʰ]
a, para (exprime lugar)	մեջ	[medʒ]
sobre (ex. falar ~)	մասին	[masín]
antes de ...	առաջ	[arádʒ]
diante de ...	առաջ	[arádʒ]
sob (debaixo de)	տակ	[tak]
sobre (em cima de)	վերևում	[verevúm]
sobre (~ a mesa)	վրա	[vra]
de (vir ~ Lisboa)	... ից	[... itsʰ]
de (feito ~ pedra)	... ից	[... itsʰ]
dentro de (~ dez minutos)	... անց	[... antsʰ]
por cima de ...	միջով	[midʒóv]

5. Palavras funcionais. Advérbios. Parte 1

Onde?	Որտե՞ղ	[vorté ǵ?]
aqui	այստեղ	[ajsté ǵ]
lá, ali	այնտեղ	[ajnté ǵ]

em algum lugar	որևէ տեղ	[vorevē teǵ]
em lugar nenhum	ոչ մի տեղ	[voč mi teǵ]

ao pé de ...	... մոտ	[... mot]
ao pé da janela	պատուհանի մոտ	[patuhaní mót]

Para onde?	Ո՞ւր	[ur?]
para cá	այստեղ	[ajsté ǵ]
para lá	այնտեղ	[ajnté ǵ]
daqui	այստեղից	[ajsteǵítsʰ]
de lá, dali	այնտեղից	[ajnteǵítsʰ]

perto	մոտ	[mot]
longe	հեռու	[herú]

perto de ...	մոտ	[mot]
ao lado de	մոտակայքում	[motakajkʰúm]
perto, não fica longe	մոտիկ	[motík]

esquerdo	ձախ	[dzaχ]
à esquerda	ձախ կողմից	[dzaχ koǵmítsʰ]
para esquerda	դեպի ձախ	[depí dzaχ]

direito	աջ	[adʒ]
à direita	աջ կողմից	[adʒ koǵmítsʰ]
para direita	դեպի աջ	[depí adʒ]

à frente	առջևից	[ardʒevítsʰ]
da frente	առջևի	[ardʒeví]
em frente (para a frente)	առաջ	[arádʒ]

atrás de ...	հետևում	[hetevúm]
por detrás (vir ~)	հետևից	[hetevítsʰ]
para trás	հետ	[het]

meio (m), metade (f)	մեջտեղ	[medʒtéǵ]
no meio	մեջտեղում	[medʒteǵúm]

de lado	կողքից	[koǵkʰítsʰ]
em todo lugar	ամենուր	[amenúr]
ao redor (olhar ~)	շուրջը	[šúrdʒə]

de dentro	միջից	[midʒítsʰ]
para algum lugar	որևէ տեղ	[vorevē teǵ]
diretamente	ուղիղ	[uǵíǵ]
de volta	ետ	[et]

de algum lugar	որևէ տեղից	[vorevē teǵítsʰ]
de um lugar	ինչ-որ տեղից	[inč vor teǵítsʰ]

em primeiro lugar	առաջին	[aradʒínə]
em segundo lugar	երկրորդը	[erkrórdə]
em terceiro lugar	երրորդը	[errórdə]

de repente	հանկարծակի	[hankartsáki]
no início	սկզբում	[skzbum]
pela primeira vez	առաջին անգամ	[aradʒín angám]
muito antes de ...	... շատ առաջ	[... šat arádʒ]
de novo, novamente	կրկին	[krkin]
para sempre	ընդմիշտ	[əndmíšt]

nunca	երբեք	[erbékʰ]
de novo	նորից	[norítsʰ]
agora	այժմ	[ajʒm]
frequentemente	հաճախ	[hačáx]
então	այն ժամանակ	[ajn ʒamanák]
urgentemente	շտապ	[štap]
usualmente	սովորաբար	[sovorabár]

a propósito, ...	ի դեպ, ...	[i dep ...]
é possível	հնարավոր է	[hnaravór ē]
provavelmente	հավանաբար	[havanabár]
talvez	միգուցե	[migutsʰé]
além disso, ...	բացի այդ, ...	[batsʰí ájd ...]
por isso ...	այդ պատճառով	[ajd patčaróv]
apesar de ...	չնայած ...	[čnajáts ...]
graças a ...	շնորհիվ ...	[šnorhív ...]

que (pron.)	ինչ	[inč]
que (conj.)	որ	[vor]
algo	ինչ-որ բան	[inč vor bán]
alguma coisa	որևէ բան	[vórevē ban]
nada	ոչ մի բան	[voč mi ban]

quem	ով	[ov]
alguém (~ teve uma ideia ...)	ինչ-որ մեկը	[inč vor mékə]
alguém	որևէ մեկը	[vórevē mékə]

ninguém	ոչ մեկ	[voč mek]
para lugar nenhum	ոչ մի տեղ	[voč mi teġ]
de ninguém	ոչ մեկինը	[voč mekínə]
de alguém	որևէ մեկինը	[vórevē mekínə]

tão	այնպես	[ajnpés]
também (gostaria ~ de ...)	նմանապես	[nmanapés]
também (~ eu)	նույնպես	[nújnpes]

6. Palavras funcionais. Advérbios. Parte 2

Porquê?	Ինչո՞ւ	[inčú?]
por alguma razão	չգիտես ինչու	[čgités inčú]
porque ...	որովհետև, ...	[vorovhetév ...]
por qualquer razão	ինչ-որ նպատակով	[inč vor npatakóv]
e (tu ~ eu)	և	[ev]

T&P Books. Vocabulário Português-Arménio - 3000 palavras

ou (ser ~ não ser)	կամ	[kam]
mas (porém)	բայց	[bajtsʰ]
para (~ a minha mãe)	համար	[hamár]

demasiado, muito	չափազանց	[čapʰazántsʰ]
só, somente	միայն	[miájn]
exatamente	ճիշտ	[čišt]
cerca de (~ 10 kg)	մոտ	[mot]

aproximadamente	մոտավորապես	[motavorapés]
aproximado	մոտավոր	[motavór]
quase	գրեթե	[grétʰe]
resto (m)	մնացածը	[mnatsʰátsə]

cada	յուրաքանչյուր	[jurakʰančjúr]
qualquer	ցանկացած	[tsankatsʰáts]
muito	շատ	[šat]
muitas pessoas	շատերը	[šatérə]
todos	բոլորը	[bolórə]

em troca de ...	ի փոխարեն ...	[i pʰoχarén ...]
em troca	փոխարեն	[pʰoχarén]
à mão	ձեռքով	[dzerkʰóv]
pouco provável	հազիվ թե	[hazív tʰe]

provavelmente	երևի	[ereví]
de propósito	դիտմամբ	[ditmámb]
por acidente	պատահաբար	[patahabár]

muito	շատ	[šat]
por exemplo	օրինակ	[orinák]
entre	միջև	[midʒév]
entre (no meio de)	միջավայրում	[midʒavajrúm]
tanto	այնքան	[ajnkʰán]
especialmente	հատկապես	[hatkapés]

14

NÚMEROS. DIVERSOS

7. Números cardinais. Parte 1

zero	զրո	[zro]
um	մեկ	[mek]
dois	երկու	[erkú]
três	երեք	[erékʰ]
quatro	չորս	[čors]
cinco	հինգ	[hing]
seis	վեց	[vetsʰ]
sete	յոթ	[jotʰ]
oito	ութ	[utʰ]
nove	ինը	[ínə]
dez	տաս	[tas]
onze	տասնմեկ	[tasnmék]
doze	տասներկու	[tasnerkú]
treze	տասներեք	[tasnerékʰ]
catorze	տասնչորս	[tasnčórs]
quinze	տասնհինգ	[tasnhíng]
dezasseis	տասնվեց	[tasnvétsʰ]
dezassete	տասնյոթ	[tasnjótʰ]
dezoito	տասնութ	[tasnútʰ]
dezanove	տասնինը	[tasnínə]
vinte	քսան	[kʰsan]
vinte e um	քսանմեկ	[kʰsanmék]
vinte e dois	քսաներկու	[kʰsanerkú]
vinte e três	քսաներեք	[ksanerékʰ]
trinta	երեսուն	[eresún]
trinta e um	երեսունմեկ	[eresunmék]
trinta e dois	երեսուներկու	[eresunerkú]
trinta e três	երեսուներեք	[eresunerékʰ]
quarenta	քառասուն	[kʰarasún]
quarenta e um	քառասունմեկ	[kʰarasunmék]
quarenta e dois	քառասուներկու	[kʰarasunerkú]
quarenta e três	քառասուներեք	[karasunerékʰ]
cinquenta	հիսուն	[hisún]
cinquenta e um	հիսունմեկ	[hisunmék]
cinquenta e dois	հիսուներկու	[hisunerkú]
cinquenta e três	հիսուներեք	[hisunerékʰ]
sessenta	վաթսուն	[vatʰsún]
sessenta e um	վաթսունմեկ	[vatʰsunmék]

sessenta e dois	վաթսուներկու	[vatʰsunerkú]
sessenta e três	վաթսուներեք	[vatʰsunerékʰ]
setenta	յոթանասուն	[jotʰanasún]
setenta e um	յոթանասունմեկ	[jotʰanasunmék]
setenta e dois	յոթանասուներկու	[jotʰanasunerkú]
setenta e três	յոթանասուներեք	[jotʰanasunerékʰ]
oitenta	ութսուն	[utʰsún]
oitenta e um	ութսունմեկ	[utʰsunmék]
oitenta e dois	ութսուներկու	[utʰsunerkú]
oitenta e três	ութսուներեք	[utʰsunerékʰ]
noventa	իննսուն	[innsún]
noventa e um	իննսունմեկ	[innsunmék]
noventa e dois	իննսուներկու	[innsunerkú]
noventa e três	իննսուներեք	[innsunerékʰ]

8. Números cardinais. Parte 2

cem	հարյուր	[harjúr]
duzentos	երկու հարյուր	[erkú harjúr]
trezentos	երեք հարյուր	[erékʰ harjúr]
quatrocentos	չորս հարյուր	[čórs harjúr]
quinhentos	հինգ հարյուր	[hing harjúr]
seiscentos	վեց հարյուր	[vetsʰ harjúr]
setecentos	յոթ հարյուր	[jotʰ harjúr]
oitocentos	ութ հարյուր	[utʰ harjúr]
novecentos	ինը հարյուր	[ínə harjúr]
mil	հազար	[hazár]
dois mil	երկու հազար	[erkú hazár]
De quem são ...?	երեք հազար	[erékʰ hazár]
dez mil	տաս հազար	[tas hazár]
cem mil	հարյուր հազար	[harjúr hazár]
um milhão	միլիոն	[milión]
mil milhões	միլիարդ	[miliárd]

9. Números ordinais

primeiro	առաջին	[aradʒín]
segundo	երկրորդ	[erkrórd]
terceiro	երրորդ	[errórd]
quarto	չորրորդ	[čorrórd]
quinto	հինգերորդ	[híngerord]
sexto	վեցերորդ	[vétsʰerord]
sétimo	յոթերորդ	[jótʰerord]
oitavo	ութերորդ	[útʰerord]
nono	իններորդ	[ínnerord]
décimo	տասներորդ	[tásnerord]

CORES. UNIDADES DE MEDIDA

10. Cores

cor (f)	գույն	[gujn]
matiz (m)	երանգ	[eráng]
tom (m)	գունեռանգ	[guneráng]
arco-íris (m)	ծիածան	[tsiatsán]
branco	սպիտակ	[spiták]
preto	սև	[sev]
cinzento	մոխրագույն	[moxragújn]
verde	կանաչ	[kanáč]
amarelo	դեղին	[deġín]
vermelho	կարմիր	[karmír]
azul	կապույտ	[kapújt]
azul claro	երկնագույն	[erknagújn]
rosa	վարդագույն	[vardagújn]
laranja	նարնջագույն	[narnʤagújn]
violeta	մանուշակագույն	[manušakagújn]
castanho	շագանակագույն	[šaganakagújn]
dourado	ոսկե	[voské]
prateado	արծաթագույն	[artsatʰagújn]
bege	բեժ	[beʒ]
creme	կրեմագույն	[kremagújn]
turquesa	փիրուզագույն	[pʰiruzagújn]
vermelho cereja	բալագույն	[balagújn]
lilás	բաց մանուշակագույն	[batsʰ manušakagújn]
carmesim	մորեգույն	[moregújn]
claro	բաց	[batsʰ]
escuro	մուգ	[mug]
vivo	վառ	[var]
de cor	գունավոր	[gunavór]
a cores	գունավոր	[gunavór]
preto e branco	սև ու սպիտակ	[sev u spiták]
unicolor	միագույն	[miagújn]
multicor	գույնզգույն	[gujnzgújn]

11. Unidades de medida

peso (m)	քաշ	[kʰaš]
comprimento (m)	երկարություն	[erkarutʰjún]

largura (f)	լայնություն	[lajnutʰjún]
altura (f)	բարձրություն	[bardzrutʰjún]
profundidade (f)	խորություն	[xorutʰjún]
volume (m)	ծավալ	[tsavál]
área (f)	մակերես	[makerés]

grama (m)	գրամ	[gram]
miligrama (m)	միլիգրամ	[miligrám]
quilograma (m)	կիլոգրամ	[kilográm]
tonelada (f)	տոննա	[tónna]
libra (453,6 gramas)	ֆունտ	[funt]
onça (f)	ունցիա	[úntsʰia]

metro (m)	մետր	[metr]
milímetro (m)	միլիմետր	[milimétr]
centímetro (m)	սանտիմետր	[santimétr]
quilómetro (m)	կիլոմետր	[kilométr]
milha (f)	մղոն	[mġon]

polegada (f)	դյույմ	[djujm]
pé (304,74 mm)	ֆուտ	[futʰ]
jarda (914,383 mm)	յարդ	[jard]

| metro (m) quadrado | քառակուսի մետր | [kʰarakusí métr] |
| hectare (m) | հեկտար | [hektár] |

litro (m)	լիտր	[litr]
grau (m)	աստիճան	[astičán]
volt (m)	վոլտ	[volt]
ampere (m)	ամպեր	[ampér]
cavalo-vapor (m)	ձիաուժ	[dziaúʒ]

quantidade (f)	քանակ	[kʰanák]
um pouco de ...	մի փոքր ...	[mi pʰokʰr ...]
metade (f)	կես	[kes]
dúzia (f)	դյուժին	[djuʒín]
peça (f)	հատ	[hat]

| dimensão (f) | չափս | [čapʰs] |
| escala (f) | մասշտաբ | [masštáb] |

mínimo	նվազագույն	[nvazagújn]
menor, mais pequeno	փոքրագույն	[pʰokʰragújn]
médio	միջին	[miʤín]
máximo	առավելագույն	[aravelagújn]
maior, mais grande	մեծագույն	[metsagújn]

12. Recipientes

boião (m) de vidro	բանկա	[banká]
lata (~ de cerveja)	տարա	[tará]
balde (m)	դույլ	[dujl]
barril (m)	տակառ	[takár]
bacia (~ de plástico)	թաս	[tʰas]

tanque (m)	բաք	[bakʰ]
cantil (m) de bolso	տափակաշիշ	[tapʰakašíš]
bidão (m) de gasolina	թիթեղ	[tʰitʰéġ]
cisterna (f)	ցիստեռն	[tsʰistérn]
caneca (f)	գավաթ	[gavátʰ]
chávena (f)	բաժակ	[baʒák]
pires (m)	պնակ	[pnak]
copo (m)	բաժակ	[baʒák]
taça (f) de vinho	գավաթ	[gavátʰ]
panela, caçarola (f)	կաթսա	[katʰsá]
garrafa (f)	շիշ	[šiš]
gargalo (m)	բերան	[berán]
jarro, garrafa (f)	գրաֆին	[grafín]
jarro (m) de barro	սափոր	[sapʰór]
recipiente (m)	անոթ	[anótʰ]
pote (m)	կճուճ	[kčuč]
vaso (m)	վազա	[váza]
frasco (~ de perfume)	սրվակ	[srvak]
frasquinho (ex. ~ de iodo)	սրվակիկ	[srvakík]
tubo (~ de pasta dentífrica)	պարկուճ	[parkúč]
saca (ex. ~ de açúcar)	պարկ	[park]
saco (~ de plástico)	տոպրակ	[toprák]
maço (m)	տուփ	[tupʰ]
caixa (~ de sapatos, etc.)	տուփ	[tupʰ]
caixa (~ de madeira)	դարակ	[darák]
cesta (f)	զամբյուղ	[zambjúġ]

VERBOS PRINCIPAIS

13. Os verbos mais importantes. Parte 1

abrir (vt)	բացել	[batsʰél]
acabar, terminar (vt)	ավարտել	[avartél]
aconselhar (vt)	խորհուրդ տալ	[χorhúrd tal]
adivinhar (vt)	գուշակել	[gušakél]
advertir (vt)	զգուշացնել	[zgušatsʰnél]

ajudar (vt)	օգնել	[ognél]
almoçar (vi)	ճաշել	[čašél]
alugar (~ um apartamento)	վարձել	[vardzél]
amar (vt)	սիրել	[sirél]
ameaçar (vt)	սպառնալ	[sparnál]

anotar (escrever)	գրառել	[grarél]
apanhar (vt)	բռնել	[brnel]
apressar-se (vr)	շտապել	[štapél]
arrepender-se (vr)	ափսոսալ	[apʰsosál]
assinar (vt)	ստորագրել	[storagrél]

atirar, disparar (vi)	կրակել	[krakél]
brincar (vi)	կատակել	[katakél]
brincar, jogar (crianças)	խաղալ	[χaġál]
buscar (vt)	փնտրել	[pʰntrel]
caçar (vi)	որս անել	[vors anél]
cair (vi)	ընկնել	[ənknél]
cavar (vt)	փորել	[pʰorél]
cessar (vt)	դադարեցնել	[dadaretsʰnél]
chamar (~ por socorro)	կանչել	[kančél]
chegar (vi)	ժամանել	[ʒamanél]
chorar (vi)	լացել	[latsʰél]

comparar (vt)	համեմատել	[hamematél]
compreender (vt)	հասկանալ	[haskanál]
concordar (vi)	համաձայնվել	[hamadzajnvél]
confiar (vt)	վստահել	[vstahél]

confundir (equivocar-se)	շփոթել	[špʰotʰél]
conhecer (vt)	ճանաչել	[čanačél]
contar (fazer contas)	հաշվել	[hašvél]
contar com (esperar)	հույս դնել ... վրա	[hujs dnel ... vra]
continuar (vt)	շարունակել	[šarunakél]

controlar (vt)	վերահսկել	[verahskél]
convidar (vt)	հրավիրել	[hravirél]
correr (vi)	վազել	[vazél]
criar (vt)	ստեղծել	[steġtsél]
custar (vt)	արժենալ	[arʒenál]

14. Os verbos mais importantes. Parte 2

dar (vt)	տալ	[tal]
dar uma dica	ակնարկել	[aknarkél]
decorar (enfeitar)	զարդարել	[zardarél]
defender (vt)	պաշտպանել	[paštpanél]
deixar cair (vt)	վայր գցել	[vájr gtsʰel]
descer (para baixo)	իջնել	[idʒnél]
desculpar-se (vr)	ներողություն խնդրել	[neroġutʰjún χndrél]
dirigir (~ uma empresa)	ղեկավարել	[ġekavarél]
discutir (notícias, etc.)	քննարկել	[kʰnnarkél]
dizer (vt)	ասել	[asél]
duvidar (vt)	կասկածել	[kaskatsél]
encontrar (achar)	գտնել	[gtnel]
enganar (vt)	խաբել	[χabél]
entrar (na sala, etc.)	մտնել	[mtnel]
enviar (uma carta)	ուղարկել	[uġarkél]
errar (equivocar-se)	սխալվել	[sχalvél]
escolher (vt)	ընտրել	[əntrél]
esconder (vt)	թաքցնել	[tʰakʰtsʰnél]
escrever (vt)	գրել	[grel]
esperar (o autocarro, etc.)	սպասել	[spasél]
esperar (ter esperança)	հուսալ	[husál]
esquecer (vt)	մոռանալ	[moranál]
estudar (vt)	ուսումնասիրել	[usumnasirél]
exigir (vt)	պահանջել	[pahandʒél]
existir (vi)	գոյություն ունենալ	[gojutʰjún unenál]
explicar (vt)	բացատրել	[batsʰatrél]
falar (vi)	խոսել	[χosél]
faltar (clases, etc.)	բաց թողնել	[batsʰ tʰoġnél]
fazer (vt)	անել	[anél]
ficar em silêncio	լռել	[lrel]
gabar-se, jactar-se (vr)	պարծենալ	[partsenál]
gostar (apreciar)	դուր գալ	[dur gal]
gritar (vi)	բղավել	[bġavél]
guardar (cartas, etc.)	պահպանել	[pahpanél]
informar (vt)	տեղեկացնել	[teġekatsʰnél]
insistir (vi)	պնդել	[pndel]
insultar (vt)	վիրավորել	[viravorél]
interessar-se (vr)	հետաքրքրվել	[hetakʰrkʰrvél]
ir (a pé)	գնալ	[gnal]
ir nadar	լողալ	[loġál]
jantar (vi)	ընթրել	[əntʰrél]

15. Os verbos mais importantes. Parte 3

ler (vt)	կարդալ	[kardál]
libertar (cidade, etc.)	ազատագրել	[azatagrél]

matar (vt)	սպանել	[spanél]
mencionar (vt)	հիշատակել	[hišatakél]
mostrar (vt)	ցույց տալ	[tsʰújtsʰ tal]

mudar (modificar)	փոխել	[pʰoχél]
nadar (vi)	լողալ	[loġál]
negar-se a …	հրաժարվել	[hraʒarvél]
objetar (vt)	հակաճառել	[hakačarél]

observar (vt)	հետևել	[hetevél]
ordenar (mil.)	հրամայել	[hramajél]
ouvir (vt)	լսել	[lsel]
pagar (vt)	վճարել	[včarél]
parar (vi)	կանգ առնել	[káng arnél]

participar (vi)	մասնակցել	[masnaktsʰél]
pedir (comida)	պատվիրել	[patvirél]
pedir (um favor, etc.)	խնդրել	[χndrel]
pegar (tomar)	վերցնել	[vertsʰnél]
pensar (vt)	մտածել	[mtatsél]

perceber (ver)	նկատել	[nkatél]
perdoar (vt)	ներել	[nerél]
perguntar (vt)	հարցնել	[hartsʰnél]
permitir (vt)	թույլատրել	[tʰujlatrél]
pertencer a …	պատկանել	[patkanél]

planear (vt)	պլանավորել	[planavorél]
poder (vi)	կարողանալ	[karoġanál]
possuir (vt)	ունենալ	[unenál]
preferir (vt)	նախընտրել	[naχəntrél]
preparar (vt)	պատրաստել	[patrastél]

prever (vt)	կանխատեսել	[kanχatesél]
prometer (vt)	խոստանալ	[χostanál]
pronunciar (vt)	արտասանել	[artasanél]
propor (vt)	առաջարկել	[araʤarkél]
punir (castigar)	պատժել	[patʒél]

16. Os verbos mais importantes. Parte 4

quebrar (vt)	կոտրել	[kotrél]
queixar-se (vr)	գանգատվել	[gangatvél]
querer (desejar)	ուզենալ	[uzenál]
recomendar (vt)	երաշխավորել	[erašχavorél]
repetir (dizer outra vez)	կրկնել	[krknel]

repreender (vt)	կշտամբել	[kštambél]
reservar (~ um quarto)	ամրագրել	[amragrél]
responder (vt)	պատասխանել	[patasχanél]
rezar, orar (vi)	աղոթել	[aġotʰél]
rir (vi)	ծիծաղել	[tsitsaġél]
roubar (vt)	գողանալ	[goġanál]
saber (vt)	իմանալ	[imanál]

sair (~ de casa)	դուրս գալ	[durs gal]
salvar (vt)	փրկել	[pʰrkel]
seguir ...	գնալ ... հետևից	[gnal ... hetevítsʰ]
sentar-se (vr)	նստել	[nstel]
ser necessário	պետք լինել	[pétkʰ linél]
ser, estar	լինել	[linél]
significar (vt)	նշանակել	[nšanakél]
sorrir (vi)	ժպտալ	[ʒptal]
surpreender-se (vr)	զարմանալ	[zarmanál]
tentar (vt)	փորձել	[pʰordzél]
ter (vt)	ունենալ	[unenál]
ter fome	ուզենալ ուտել	[uzenál utél]
ter medo	վախենալ	[vaχenál]
ter sede	ուզենալ խմել	[uzenál χmel]
tocar (com as mãos)	ձեռք տալ	[dzérkʰ tal]
tomar o pequeno-almoço	նախաճաշել	[naχačašél]
trabalhar (vi)	աշխատել	[ašχatél]
traduzir (vt)	թարգմանել	[tʰargmanél]
unir (vt)	միավորել	[miavorél]
vender (vt)	վաճառել	[vačarél]
ver (vt)	տեսնել	[tesnél]
virar (ex. ~ à direita)	թեքվել	[tʰekʰvél]
voar (vi)	թռչել	[tʰrčel]

TEMPO. CALENDÁRIO

17. Dias da semana

segunda-feira (f)	երկուշաբթի	[erkušabtʰí]
terça-feira (f)	երեքշաբթի	[erekʰšabtʰí]
quarta-feira (f)	չորեքշաբթի	[čorekʰšabtʰí]
quinta-feira (f)	հինգշաբթի	[hingšabtʰí]
sexta-feira (f)	ուրբաթ	[urbátʰ]
sábado (m)	շաբաթ	[šabátʰ]
domingo (m)	կիրակի	[kirakí]

hoje	այսոր	[ajsór]
amanhã	վաղը	[váġə]
depois de amanhã	վաղը չէ մյուս օրը	[váġə čē mjus órə]
ontem	երեկ	[erék]
anteontem	նախանցյալ օրը	[naχantsʰjál órə]

dia (m)	օր	[or]
dia (m) de trabalho	աշխատանքային օր	[ašχatankʰajín or]
feriado (m)	տոնական օր	[tonakán or]
dia (m) de folga	հանգստյան օր	[hangstján ór]
fim (m) de semana	շաբաթ, կիրակի	[šabátʰ, kirakí]

o dia todo	ամբողջ օր	[ambóġdʒ ór]
no dia seguinte	մյուս օրը	[mjus órə]
há dois dias	երկու օր առաջ	[erkú or árádʒ]
na véspera	նախորդ օրը	[naχórd órə]
diário	ամենօրյա	[amenorjá]
todos os dias	ամեն օր	[amén or]

semana (f)	շաբաթ	[šabátʰ]
na semana passada	անցյալ շաբաթ	[antsʰjál šabátʰ]
na próxima semana	հաջորդ շաբաթ	[hadʒórt shabát]
semanal	շաբաթական	[šabatʰakán]
cada semana	շաբաթական	[šabatʰakán]
duas vezes por semana	շաբաթը երկու անգամ	[šabátʰə erkú angám]
cada terça-feira	ամեն երեքշաբթի	[amén erekʰšabtʰí]

18. Horas. Dia e noite

manhã (f)	առավոտ	[aravót]
de manhã	առավոտյան	[aravotján]
meio-dia (m)	կեսօր	[kesór]
à tarde	ճաշից հետո	[čašítsʰ hetó]

noite (f)	երեկո	[erekó]
à noite (noitinha)	երեկոյան	[erekoján]

noite (f)	գիշեր	[gišér]
à noite	գիշերը	[gišérə]
meia-noite (f)	կեսգիշեր	[kesgišér]

segundo (m)	վայրկյան	[vajrkján]
minuto (m)	րոպե	[ropé]
hora (f)	ժամ	[ʒam]
meia hora (f)	կես ժամ	[kes ʒam]
quarto (m) de hora	քառորդ ժամ	[kʰarórd ʒam]
quinze minutos	տասնհինգ րոպե	[tasnhíng ropé]
vinte e quatro horas	օր	[or]

nascer (m) do sol	արևածագ	[arevatság]
amanhecer (m)	արևածագ	[arevatság]
madrugada (f)	վաղ առավոտ	[vaġ aravót]
pôr do sol (m)	մայրամուտ	[majramút]

de madrugada	վաղ առավոտյան	[váġ aravotján]
hoje de manhã	այսօր առավոտյան	[ajsór aravotján]
amanhã de manhã	վաղը առավոտյան	[váġə aravotján]

hoje à tarde	այսօր կեսերկը	[ajsór tsʰerékə]
à tarde	ճաշից հետո	[čašítsʰ hetó]
amanhã à tarde	վաղը ճաշից հետո	[váġə čašítsʰ hetó]

hoje à noite	այսօր երեկոյան	[ajsór erekoján]
amanhã à noite	վաղը երեկոյան	[váġə erekoján]

às três horas em ponto	ուղիղ ժամը երեքին	[uġíġ ʒámə erekʰín]
por volta das quatro	մոտ ժամը չորսին	[mot ʒámə čorsín]
às doze	մոտ ժամը տասներկուսին	[mot ʒámə tasnerkusín]

dentro de vinte minutos	քսան րոպեից	[kʰsán ropeítsʰ]
dentro duma hora	մեկ ժամից	[mek ʒamítsʰ]
a tempo	ժամանակին	[ʒamanakín]

menos um quarto	տասնհինգ պակաս	[tasnhíng pakás]
durante uma hora	մեկ ժամվա ընթացքում	[mek ʒamvá əntʰatsʰkʰúm]
a cada quinze minutos	տասնհինգ րոպեն մեկ	[tasnhíng ropén mek]
as vinte e quatro horas	ողջ օրը	[voġdʒ órə]

19. Meses. Estações

janeiro (m)	հունվար	[hunvár]
fevereiro (m)	փետրվար	[pʰetrvár]
março (m)	մարտ	[mart]
abril (m)	ապրիլ	[apríl]
maio (m)	մայիս	[majís]
junho (m)	հունիս	[hunís]

julho (m)	հուլիս	[hulís]
agosto (m)	օգոստոս	[ogostós]
setembro (m)	սեպտեմբեր	[septembér]
outubro (m)	հոկտեմբեր	[hoktembér]

Português	Arménio	Pronúncia
novembro (m)	նոյեմբեր	[noembér]
dezembro (m)	դեկտեմբեր	[dektembér]
primavera (f)	գարուն	[garún]
na primavera	գարնանը	[garnánə]
primaveril	գարնանային	[garnanajín]
verão (m)	ամառ	[amár]
no verão	ամռանը	[amránə]
de verão	ամառային	[amarajín]
outono (m)	աշուն	[ašún]
no outono	աշնանը	[ašnánə]
outonal	աշնանային	[ašnanajín]
inverno (m)	ձմեռ	[dzmer]
no inverno	ձմռանը	[dzmránə]
de inverno	ձմեռային	[dzmerajín]
mês (m)	ամիս	[amís]
este mês	այս ամիս	[ajs amís]
no próximo mês	մյուս ամիս	[mjús amís]
no mês passado	անցյալ ամիս	[antsʰjál amís]
há um mês	մեկ ամիս առաջ	[mek amís arádʒ]
dentro de um mês	մեկ ամիս հետո	[mek amís hetó]
dentro de dois meses	երկու ամիս հետո	[erkú amís hetó]
todo o mês	ամբողջ ամիս	[ambóġdʒ amís]
um mês inteiro	ողջ ամիս	[voġdʒ amís]
mensal	ամսական	[amsakán]
mensalmente	ամեն ամիս	[amén amís]
cada mês	ամեն ամիս	[amén amís]
duas vezes por mês	ամսական երկու անգամ	[amsakán erkú angám]
ano (m)	տարի	[tarí]
este ano	այս տարի	[ajs tarí]
no próximo ano	մյուս տարի	[mjus tarí]
no ano passado	անցյալ տարի	[antsʰjál tarí]
há um ano	մեկ տարի առաջ	[mek tarí arádʒ]
dentro dum ano	մեկ տարի անց	[mek tarí ántsʰ]
dentro de 2 anos	երկու տարի անց	[erkú tarí antsʰ]
todo o ano	ամբողջ տարի	[ambóġdʒ tarí]
um ano inteiro	ողջ տարի	[voġdʒ tarí]
cada ano	ամեն տարի	[amén tarí]
anual	տարեկան	[tarekán]
anualmente	ամեն տարի	[amén tarí]
quatro vezes por ano	տարեկան չորս անգամ	[tarekán čórs angám]
data (~ de hoje)	ամսաթիվ	[amsatʰív]
data (ex. ~ de nascimento)	ամսաթիվ	[amsatʰív]
calendário (m)	օրացույց	[oratsʰújtsʰ]
meio ano	կես տարի	[kes tarí]
seis meses	կիսամյակ	[kisamják]

estação (f)   սեզոն   [sezón]
século (m)   դար   [dar]

# VIAGENS. HOTEL

20. Viagens

turismo (m)	զբոսաշրջություն	[zbosašrdʒutʰjún]
turista (m)	զբոսաշրջիկ	[zbosašrdʒík]
viagem (f)	ճանապարհորդություն	[čanaparhordutʰjún]
aventura (f)	արկած	[arkáts]
viagem (f)	ուղևորություն	[uġevorutʰjún]
férias (f pl)	արձակուրդ	[ardzakúrd]
estar de férias	արձակուրդի մեջ լինել	[ardzakurdí médʒ linél]
descanso (m)	հանգիստ	[hangíst]
comboio (m)	գնացք	[gnatsʰkʰ]
de comboio (chegar ~)	գնացքով	[gnatsʰkʰóv]
avião (m)	ինքնաթիռ	[inkʰnatʰír]
de avião	ինքնաթիռով	[inkʰnatʰiróv]
de carro	ավտոմեքենայով	[avtomekʰenajóv]
de navio	նավով	[navóv]
bagagem (f)	ուղեբեռ	[uġebér]
mala (f)	ճամպրուկ	[čamprúk]
carrinho (m)	սայլակ	[sajlák]
passaporte (m)	անձնագիր	[andznagír]
visto (m)	վիզա	[víza]
bilhete (m)	տոմս	[toms]
bilhete (m) de avião	ավիատոմս	[aviatóms]
guia (m) de viagem	ուղեցույց	[uġetsʰújtsʰ]
mapa (m)	քարտեզ	[kʰartéz]
local (m), area (f)	տեղանք	[teġánkʰ]
lugar, sítio (m)	տեղ	[teġ]
exotismo (m)	էկզոտիկա	[ēkzótika]
exótico	էկզոտիկ	[ēkzotík]
surpreendente	զարմանահրաշ	[zarmanahráš]
grupo (m)	խումբ	[χumb]
excursão (f)	էքսկուրսիա	[ēkʰskúrsia]
guia (m)	էքսկուրսավար	[ēkʰskursavár]

21. Hotel

hotel (m)	հյուրանոց	[hjuranótsʰ]
motel (m)	մոթել	[motʰél]
três estrelas	երեք աստղանի	[erékʰ astġaní]

T&P Books. Vocabulário Português-Arménio - 3000 palavras

| cinco estrelas | հինգ աստղանի | [hing astģaní] |
| ficar (~ num hotel) | կանգ առնել | [káng arnél] |

quarto (m)	համար	[hamár]
quarto (m) individual	մեկտեղանի համար	[mekteģaní hamár]
quarto (m) duplo	երկտեղանի համար	[erkteģaní hamár]
reservar um quarto	համար ամրագրել	[hamár amragrél]

| meia pensão (f) | կիսագիշերոթիկ | [kisagišerotʰík] |
| pensão (f) completa | լրիվ գիշերոթիկ | [lrív gišerotʰík] |

com banheira	լոգարանով	[logaranóv]
com duche	դուշով	[dušóv]
televisão (m) satélite	արբանյակային հեռուստատեսություն	[arbanjakajín herustatesutʰjún]
ar (m) condicionado	օդորակիչ	[odorakíč]
toalha (f)	սրբիչ	[srbič]
chave (f)	բանալի	[banalí]

administrador (m)	ադմինիստրատոր	[administrátor]
camareira (f)	սպասավորուհի	[spasavoruhí]
bagageiro (m)	բեռնակիր	[bernakír]
porteiro (m)	դռնապահ	[drnapáh]

restaurante (m)	ռեստորան	[restorán]
bar (m)	բար	[bar]
pequeno-almoço (m)	նախաճաշ	[naχačáš]
jantar (m)	ընթրիք	[ǝntʰríkʰ]
buffet (m)	շվեդական սեղան	[švedakán seģán]

elevador (m)	վերելակ	[verelák]
NÃO PERTURBE	ՉԱՆՀԱՆԳՍՏԱՑՆԵԼ	[čanhangstatsʰnél]
PROIBIDO FUMAR!	ՇՈԽԵԼ	[čtsχél!]

22. Turismo

monumento (m)	արձան	[ardzán]
fortaleza (f)	ամրոց	[amrótsʰ]
palácio (m)	պալատ	[palát]
castelo (m)	դղյակ	[dģjak]
torre (f)	աշտարակ	[aštarák]
mausoléu (m)	դամբարան	[dambarán]

arquitetura (f)	ճարտարապետություն	[čartarapetutʰjún]
medieval	միջնադարյան	[miʒnadarján]
antigo	հինավուրց	[hinavúrtsʰ]
nacional	ազգային	[azgajín]
conhecido	հայտնի	[hajtní]

turista (m)	զբոսաշրջիկ	[zbosašrʒík]
guia (pessoa)	գիդ	[gid]
excursão (f)	էքսկուրսիա	[ēkʰskúrsia]
mostrar (vt)	ցույց տալ	[tsʰújtsʰ tal]
contar (vt)	պատմել	[patmél]

29

encontrar (vt)	գտնել	[gtnel]
perder-se (vr)	կորել	[korél]
mapa (~ do metrô)	սխեմա	[sχéma]
mapa (~ da cidade)	քարտեզ	[kʰartéz]
lembrança (f), presente (m)	հուշանվեր	[hušanvér]
loja (f) de presentes	հուշանվերների խանութ	[hušanvernerí χanútʰ]
fotografar (vt)	լուսանկարել	[lusankarél]
fotografar-se	լուսանկարվել	[lusankarvél]

TRANSPORTES

23. Aeroporto

aeroporto (m)	օդանավակայան	[odanavakaján]
avião (m)	ինքնաթիռ	[inkʰnatʰír]
companhia (f) aérea	ավիաընկերություն	[aviaənkerutʰjún]
controlador (m) de tráfego aéreo	դիսպետչեր	[dispetčér]

partida (f)	թռիչք	[tʰričkʰ]
chegada (f)	ժամանում	[ʒamanúm]
chegar (~ de avião)	ժամանել	[ʒamanél]

hora (f) de partida	թռիչքի ժամանակը	[tʰričkʰí ʒamanákə]
hora (f) de chegada	ժամանման ժամանակը	[ʒamanmán ʒamanákə]

estar atrasado	ուշանալ	[ušanál]
atraso (m) de voo	թռիչքի ուշացում	[tʰričkʰí ušatsʰúm]

painel (m) de informação	տեղեկատվական վահանակ	[teġekatvakán vahanák]
informação (f)	տեղեկատվություն	[teġekatvutʰjún]
anunciar (vt)	հայտարարել	[hajtararél]
voo (m)	ռեյս	[rejs]

alfândega (f)	մաքսատուն	[makʰsatún]
funcionário (m) da alfândega	մաքսավոր	[makʰsavór]

declaração (f) alfandegária	հայտարարագիր	[hajtararagír]
preencher a declaração	հայտարարագիր լրացնել	[hajtararagír lratsʰnél]
controlo (m) de passaportes	անձնագրային ստուգում	[andznagrajín stugúm]

bagagem (f)	ուղեբեռ	[uġebér]
bagagem (f) de mão	ձեռքի ուղեբեռ	[dzerkʰí uġebér]
carrinho (m)	սայլակ	[saják]

aterragem (f)	վայրէջք	[vajrēdʒkʰ]
pista (f) de aterragem	վայրէջքի ուղի	[vajrēdʒkʰí uġí]
aterrar (vi)	վայրէջք կատարել	[vajrēdʒkʰ katarél]
escada (f) de avião	օդանավասանդուղք	[odanavasandúgkʰ]

check-in (m)	գրանցում	[grantsʰúm]
balcão (m) do check-in	գրանցասեղան	[grantsʰaseġán]
fazer o check-in	գրանցվել	[grantsʰvél]
cartão (m) de embarque	տեղակցորդն	[teġaktrón]
porta (f) de embarque	ելք	[elkʰ]

trânsito (m)	տարանցիկ չվերթ	[tarantsʰík čvertʰ]
esperar (vi, vt)	սպասել	[spasél]
sala (f) de espera	սպասասրահ	[spasasráh]

despedir-se de ... ճանապարհել [čanaparhél]
despedir-se (vr) հրաժեշտ տալ [hraʒéšt tál]

24. Avião

avião (m)	ինքնաթիռ	[inkʰnatʰír]
bilhete (m) de avião	ավիատոմս	[aviatóms]
companhia (f) aérea	ավիաընկերություն	[aviaənkerutʰjún]
aeroporto (m)	օդանավակայան	[odanavakaján]
supersónico	գերձայնային	[gerdzajnajín]

comandante (m) do avião	օդանավի հրամանատար	[odanaví hramanatár]
tripulação (f)	անձնակազմ	[andznakázm]
piloto (m)	օդաչու	[odačú]
hospedeira (f) de bordo	ուղեկցորդուհի	[uġektsʰorduhí]
copiloto (m)	դեկապետ	[ġekapét]

asas (f pl)	թևեր	[tʰevér]
cauda (f)	պոչ	[poč]
cabine (f) de pilotagem	խցիկ	[xtsʰik]
motor (m)	շարժիչ	[šarʒíč]
trem (m) de aterragem	շասսի	[šassí]
turbina (f)	տուրբին	[turbín]
hélice (f)	պրոպելեր	[propellér]
caixa-preta (f)	սև արկղ	[sev árkġ]
coluna (f) de controlo	ղեկանիվ	[ġekanív]
combustível (m)	վառելիք	[varelíkʰ]

instruções (f pl) de segurança	ձեռնարկ	[dzernárk]
máscara (f) de oxigénio	թթվածնային դիմակ	[tʰtʰvatsnajín dimák]
uniforme (m)	համազգեստ	[hamazgést]
colete (m) salva-vidas	փրկագոտի	[pʰrkagotí]
paraquedas (m)	պարաշյուտ	[parašjút]
descolagem (f)	թռիչք	[tʰričkʰ]
descolar (vi)	թռնել	[tʰrnel]
pista (f) de descolagem	թռիչքուղի	[tʰričkʰuġí]

visibilidade (f)	տեսանելիություն	[tesaneliutʰjún]
voo (m)	թռիչք	[tʰričkʰ]
altura (f)	բարձրություն	[bardzrutʰjún]
poço (m) de ar	օդային փոս	[odajín pʰós]

assento (m)	տեղ	[teġ]
auscultadores (m pl)	ականջակալներ	[akandʒakalnér]
mesa (f) rebatível	բացվող սեղանիկ	[batsʰvóġ seġaník]
vigia (f)	իլյումինատոր	[iljuminátor]
passagem (f)	անցուղի	[antsʰuġí]

25. Comboio

comboio (m)	գնացք	[gnatsʰkʰ]
comboio (m) suburbano	էլեկտրագնացք	[ēlektragnátsʰkʰ]

comboio (m) rápido արագընթաց գնացք [aragənt^háts^h gnáts^hk^h]
locomotiva (f) diesel շերմապար? [dʒermak^hárš]
locomotiva (f) a vapor շոգեքարշ [šokek^hárš]

carruagem (f) վագոն [vagón]
carruagem restaurante (f) վագոն-ռեստորան [vagón restorán]

carris (m pl) գծեր [gtser]
caminho de ferro (m) երկաթգիծ [erkat^hgíts]
travessa (f) կոճ [koč]

plataforma (f) կառամատույց [karamatújts^h]
linha (f) ուղի [uġí]
semáforo (m) նշանասյուն [nšanasjún]
estação (f) կայարան [kajarán]
maquinista (m) մեքենավար [mek^henavár]
bagageiro (m) բեռնակիր [bernakír]
hospedeiro, -a ուղեկից [uġekíts^h]
(da carruagem)
passageiro (m) ուղևոր [uġevór]
revisor (m) հսկիչ [hskič]

corredor (m) միջանցք [midʒánts^hk^h]
freio (m) de emergência ավտոմատ կանգառման [avtomát kangarmán
 սարք sárk^h]

compartimento (m) կուպե [kupé]
cama (f) մահճակ [mahčák]
cama (f) de cima վերևի մահճակատեղ [vereví mahčakatég]
cama (f) de baixo ներքևի մահճակատեղ [nerk^heví mahčakatég]
roupa (f) de cama անկողին [ankoġín]
bilhete (m) տոմս [toms]
horário (m) չվացուցակ [čvats^huts^hák]
painel (m) de informação ցուցատախտակ [ts^huts^hataχták]

partir (vt) մեկնել [meknél]
partida (f) մեկնում [meknúm]
chegar (vi) ժամանել [ʒamanél]
chegada (f) ժամանում [ʒamanúm]

chegar de comboio ժամանել գնացքով [ʒamanél gnats^hk^hóv]
apanhar o comboio գնացք նստել [gnáts^hk^h nstel]
sair do comboio գնացքից իջնել [gnats^hk^híts^h idʒnél]

acidente (m) ferroviário խորտակում [χortakúm]
locomotiva (f) a vapor շոգեքարշ [šokek^hárš]
fogueiro (m) հնոցապան [hnots^hapán]
fornalha (f) վառարան [vararán]
carvão (m) ածուխ [atsúχ]

26. Barco

navio (m) նավ [nav]
embarcação (f) նավ [nav]

T&P Books. Vocabulário Português-Arménio - 3000 palavras

vapor (m)	շոգենավ	[šogenáv]
navio (m)	ջերմանավ	[dʒermanáv]
transatlântico (m)	լայներ	[lájner]
cruzador (m)	հածանավ	[hatsanáv]

iate (m)	զբոսանավ	[zbosanáv]
rebocador (m)	նավաքարշ	[navakʰárš]
barcaça (f)	բեռնանավ	[bernanáv]
ferry (m)	լաստանավ	[lastanáv]

veleiro (m)	առագաստանավ	[aragastanáv]
bergantim (m)	բրիգանտինա	[brigantína]

quebra-gelo (m)	սառցահատ	[sartsʰapát]
submarino (m)	սուզանավ	[suzanáv]

bote, barco (m)	նավակ	[navák]
bote, dingue (m)	մակույկ	[makújk]
bote (m) salva-vidas	փրկարարական մակույկ	[pʰrkararakán makújk]
lancha (f)	մոտորանավակ	[motoranavák]

capitão (m)	նավապետ	[navapét]
marinheiro (m)	նավաստի	[navastí]
marujo (m)	ծովային	[tsovajín]
tripulação (f)	անձնակազմ	[andznakázm]

contramestre (m)	բոցման	[botsʰmán]
grumete (m)	նավի փոքրավոր	[naví pʰokʰravór]
cozinheiro (m) de bordo	նավի խոհարար	[naví χoharár]
médico (m) de bordo	նավի բժիշկ	[naví bʒíšk]

convés (m)	տախտակամած	[taχtakamáts]
mastro (m)	կայմ	[kajm]
vela (f)	առագաստ	[aragást]

porão (m)	նավամբար	[navambár]
proa (f)	նավախիթ	[navakʰítʰ]
popa (f)	նավախել	[navaχél]
remo (m)	թիակ	[tʰiak]
hélice (f)	պտուտակ	[ptuták]

camarote (m)	նավասենյակ	[navasenják]
sala (f) dos oficiais	ընդհանուր նավասենյակ	[əndhanúr navasenják]
sala (f) das máquinas	մեքենաների բաժանմունք	[mekenaneri baʒanmúnkʰ]
ponte (m) de comando	նավապետի կամրջակ	[navapetí kamrdʒák]
sala (f) de comunicações	ռադիոխցիկ	[radioχtsʰík]
onda (f) de rádio	ալիք	[alíkʰ]
diário (m) de bordo	նավամատյան	[navamatján]

luneta (f)	հեռադիտակ	[heraditák]
sino (m)	զանգ	[zang]
bandeira (f)	դրոշ	[droš]

cabo (m)	ճոպան	[čopán]
nó (m)	հանգույց	[hangújtsʰ]
corrimão (m)	բռնածող	[brnadzóǵ]

34

prancha (f) de embarque	նավասանդուղք	[navasandúgkʰ]
âncora (f)	խարիսխ	[xarísχ]
recolher a âncora	խարիսխը բարձրացնել	[xarísχə bardzratsʰnél]
lançar a âncora	խարիսխը գցել	[xarísχə gtsʰél]
amarra (f)	խարսխաշղթա	[χarsχašġtʰá]
porto (m)	նավահանգիստ	[navahangíst]
cais, amarradouro (m)	նավամատույց	[navamatújtsʰ]
atracar (vi)	կառանել	[karanél]
desatracar (vi)	մեկնել	[meknél]
viagem (f)	ճանապարհորդություն	[čanaparhordutʰjún]
cruzeiro (m)	ծովագնացություն	[tsovagnatsʰutʰjún]
rumo (m), rota (f)	ուղղություն	[uġutʰjún]
itinerário (m)	երթուղի	[ertʰuġí]
canal (m) navegável	նավարկուղի	[navarkuġí]
banco (m) de areia	ծանծաղուտ	[tsantsaġút]
encalhar (vt)	ծանծաղուտ ընկնել	[tsantsaġút ənknél]
tempestade (f)	փոթորիկ	[pʰotʰorík]
sinal (m)	ազդանշան	[azdanšán]
afundar-se (vr)	խորտակվել	[χortakvél]
SOS	SO S	[sos]
boia (f) salva-vidas	փրկագոտի	[pʰrkagotí]

35

CIDADE

27. Transportes urbanos

autocarro (m)	ավտոբուս	[avtobús]
elétrico (m)	տրամվայ	[tramváj]
troleicarro (m)	տրոլեյբուս	[trolejbús]
itinerário (m)	ուղի	[uǵí]
número (m)	համար	[hamár]
ir de ... (carro, etc.)	... ով գնալ	[... ov gnal]
entrar (~ no autocarro)	նստել	[nstel]
descer de ...	իջնել	[idʒnél]
paragem (f)	կանգառ	[kangár]
próxima paragem (f)	հաջորդ կանգառ	[hadʒórd kangár]
ponto (m) final	վերջին կանգառ	[verdʒín kangár]
horário (m)	ժամանակացույց	[ʒamanakatsʰújtsʰ]
esperar (vt)	սպասել	[spasél]
bilhete (m)	տոմս	[toms]
custo (m) do bilhete	տոմսի արժեքը	[tomsí arʒékʰə]
bilheteiro (m)	տոմսավաճառ	[tomsavačár]
controlo (m) dos bilhetes	ստուգում	[stugúm]
revisor (m)	հսկիչ	[hskič]
atrasar-se (vr)	ուշանալ	[ušanál]
perder (o autocarro, etc.)	ուշանալ ... ից	[ušanál ... ítsʰ]
estar com pressa	շտապել	[štapél]
táxi (m)	տաքսի	[taksí]
taxista (m)	տաքսու վարորդ	[taksú varórd]
de táxi (ir ~)	տաքսիով	[taksióv]
praça (f) de táxis	տաքսիների կայան	[taksinerí kaján]
chamar um táxi	տաքսի կանչել	[taksí kančél]
apanhar um táxi	տաքսի վերցնել	[taksí vertsʰnél]
tráfego (m)	ճանապարհային երթևեկություն	[čanaparhajín ertʰevekutʰjún]
engarrafamento (m)	խցանում	[xtsʰanúm]
horas (f pl) de ponta	պիկ ժամ	[pík ʒám]
estacionar (vi)	կանգնեցնել	[kangnetsʰnél]
estacionar (vt)	կանգնեցնել	[kangnetsʰnél]
parque (m) de estacionamento	ավտոկայան	[avtokaján]
metro (m)	մետրո	[metró]
estação (f)	կայարան	[kajarán]
ir de metro	մետրոյով գնալ	[metrojóv gnal]
comboio (m)	գնացք	[gnatsʰkʰ]
estação (f)	կայարան	[kajarán]

28. Cidade. Vida na cidade

cidade (f)	քաղաք	[kaġákʰ]
capital (f)	մայրաքաղաք	[majrakaġákʰ]
aldeia (f)	գյուղ	[gjuġ]

mapa (m) da cidade	քաղաքի հատակագիծ	[kʰaġakʰí hatakagíts]
centro (m) da cidade	քաղաքի կենտրոն	[kʰaġakʰí kentrón]
subúrbio (m)	արվարձան	[arvardzán]
suburbano	մերձքաղաքային	[merdzkʰaġakʰajín]

periferia (f)	ծայրամաս	[tsajramás]
arredores (m pl)	շրջակայք	[šrdʒakájkʰ]
quarteirão (m)	թաղամաս	[tʰaġamás]
quarteirão (m) residencial	բնակելի թաղամաս	[bnakelí tʰaġamás]

tráfego (m)	երթևեկություն	[ertʰevekutʰjún]
semáforo (m)	լուսակիր	[lusakír]
transporte (m) público	քաղաքային տրանսպորտ	[kʰaġakʰajín transpórt]
cruzamento (m)	խաչմերուկ	[χačmerúk]

passadeira (f)	անցում	[antsʰúm]
passagem (f) subterrânea	գետնանցում	[getnantsʰúm]
cruzar, atravessar (vt)	անցնել	[antsʰnél]
peão (m)	հետիոտն	[hetiótn]
passeio (m)	մայթ	[majtʰ]

ponte (f)	կամուրջ	[kamúrdʒ]
margem (f) do rio	արափնյա փողոց	[arapʰnjá pʰoġótsʰ]
fonte (f)	շատրվան	[šatrván]

alameda (f)	ծառուղի	[tsaruġí]
parque (m)	զբոսայգի	[zbosajgí]
bulevar (m)	բուլվար	[bulvár]
praça (f)	հրապարակ	[hraparák]
avenida (f)	պողոտա	[poġóta]
rua (f)	փողոց	[pʰoġótsʰ]
travessa (f)	նրբանցք	[nrbantsʰkʰ]
beco (m) sem saída	փակուղի	[pʰakuġí]

casa (f)	տուն	[tun]
edifício, prédio (m)	շենք	[šenkʰ]
arranha-céus (m)	երկնաքեր	[erknakʰér]

fachada (f)	ճակատամաս	[čakatamás]
telhado (m)	տանիք	[tanikʰ]
janela (f)	պատուհան	[patuhán]
arco (m)	կամար	[kamár]
coluna (f)	սյուն	[sjun]
esquina (f)	անկյուն	[ankjún]

montra (f)	ցուցափեղկ	[tsʰutsʰapʰégk]
letreiro (m)	ցուցանակ	[tsʰutsʰanák]
cartaz (m)	azդագիր	[azdagír]
cartaz (m) publicitário	գովազդային ձգապաստառ	[govazdajín dzgapastár]

painel (m) publicitário գովազդային վահանակ [govazdajín vahanák]
lixo (m) աղբ [aġb]
cesta (f) do lixo աղբաման [aġbamán]
jogar lixo na rua աղբոտել [aġbotél]
aterro (m) sanitário աղբավայր [aġbavájr]

cabine (f) telefónica հեռախոսախցիկ [heraxosaxts</sup>ʰík]
candeeiro (m) de rua լապտերասյուն [lapterasjún]
banco (m) նստարան [nstarán]

polícia (m) ոստիկան [vostikán]
polícia (instituição) ոստիկանություն [vostikanutʰjún]
mendigo (m) մուրացկան [muratsʰkán]
sem-abrigo (m) անօթևան մարդ [anotʰeván márd]

29. Instituições urbanas

loja (f) խանութ [xanútʰ]
farmácia (f) դեղատուն [deġatún]
ótica (f) օպտիկա [óptika]
centro (m) comercial առևտրի կենտրոն [arevtrí kentrón]
supermercado (m) սուպերմարքեթ [supermarkʰétʰ]

padaria (f) հացաբուլկեղենի խանութ [hatsʰabulkeġení xanútʰ]
padeiro (m) հացթուխ [hatsʰtʰúx]
pastelaria (f) հրուշակեղենի խանութ [hrušakeġení xanútʰ]
mercearia (f) նպարեղենի խանութ [npareġení xanútʰ]
talho (m) մսի խանութ [msi xanútʰ]

loja (f) de legumes բանջարեղենի կրպակ [bandʒareġení krpák]
mercado (m) շուկա [šuká]

café (m) սրճարան [srčarán]
restaurante (m) ռեստորան [restorán]
bar (m), cervejaria (f) գարեջրատուն [garedʒratún]
pizzaria (f) պիցցերիա [pitsʰería]

salão (m) de cabeleireiro վարսավիրանոց [varsaviranótsʰ]
correios (m pl) փոստ [pʰost]
lavandaria (f) քիմմաքրման կետ [kʰimmakʰrmán két]
estúdio (m) fotográfico ֆոտոսրահ [fotosráh]

sapataria (f) կոշիկի սրահ [košikí sráh]
livraria (f) գրախանութ [graxanútʰ]
loja (f) de artigos de desporto սպորտային խանութ [sportajín xanútʰ]

reparação (f) de roupa հագուստի վերանորոգում [hagustí veranorogúm]
aluguer (m) de roupa հագուստի վարձույթ [hagustí vardzújtʰ]
aluguer (m) de filmes տեսաֆիլմերի վարձույթ [tesafilmerí vardzújtʰ]

circo (m) կրկես [krkes]
jardim (m) zoológico կենդանաբանական այգի [kendanabanakán ajgí]
cinema (m) կինոթատրոն [kinotʰatrón]
museu (m) թանգարան [tʰangarán]

T&P Books. Vocabulário Português-Arménio - 3000 palavras

biblioteca (f)	գրադարան	[gradarán]
teatro (m)	թատրոն	[tʰatrón]
ópera (f)	օպերա	[operá]
clube (m) noturno	գիշերային ակումբ	[giserajín akúmb]
casino (m)	խաղատուն	[χaġatún]

mesquita (f)	մզկիթ	[mzkitʰ]
sinagoga (f)	սինագոգ	[sinagóg]
catedral (f)	տաճար	[tačár]
templo (m)	տաճար	[tačár]
igreja (f)	եկեղեցի	[ekeġetsʰí]

instituto (m)	ինստիտուտ	[institút]
universidade (f)	համալսարան	[hamalsarán]
escola (f)	դպրոց	[dprotsʰ]

prefeitura (f)	ոստիկանապետություն	[vostikanapetutʰjún]
câmara (f) municipal	քաղաքապետարան	[kʰaġakapetarán]
hotel (m)	հյուրանոց	[hjuranótsʰ]
banco (m)	բանկ	[bank]

embaixada (f)	դեսպանատուն	[despanatún]
agência (f) de viagens	տուրիստական գործակալություն	[turistakán gortsakalutʰjún]
agência (f) de informações	տեղեկատվական բյուրո	[teġekatvakán bjuró]
casa (f) de câmbio	փոխանակման կետ	[pʰoχanakmán két]

| metro (m) | մետրո | [metró] |
| hospital (m) | հիվանդանոց | [hivandanótsʰ] |

| posto (m) de gasolina | բենզալցակայան | [benzaltsʰakaján] |
| parque (m) de estacionamento | ավտոկայան | [avtokaján] |

30. Sinais

letreiro (m)	ցուցանակ	[tsʰutsʰanák]
inscrição (f)	ցուցագիր	[tsʰutsʰagír]
cartaz, póster (m)	ազդապաստառ	[dzgapastár]
sinal (m) informativo	ուղեցույց	[uġetsʰújtsʰ]
seta (f)	սլաք	[slakʰ]

aviso (advertência)	նախազգուշացում	[naχazgušatsʰúm]
sinal (m) de aviso	զգուշացում	[zgušatsʰúm]
avisar, advertir (vt)	զգուշացնել	[zgušatsʰnél]

dia (m) de folga	հանգստյան օր	[hangstján ór]
horário (m)	ժամանակացույց	[ʒamanakatsʰújtsʰ]
horário (m) de funcionamento	աշխատանքային ժամեր	[ašχatankʰajín ʒamér]

BEM-VINDOS!	ԲԱՐԻ ԳԱԼՈՒՍՏ	[barí galúst!]
ENTRADA	ՄՈՒՏՔ	[mutkʰ]
SAÍDA	ԵԼՔ	[elkʰ]
EMPURRE	ԴԵՊԻ ԴՈՒՐՍ	[depí durs]
PUXE	ԴԵՊԻ ՆԵՐՍ	[dépi ners]

39

| ABERTO | ԲԱՑ Է | [batsʰ ē] |
| FECHADO | ՓԱԿ Է | [pʰak ē] |

| MULHER | ԿԱՆԱՆՑ ՀԱՄԱՐ | [kanántsʰ hamár] |
| HOMEM | ՏՂԱՄԱՐԴԿԱՆՑ ՀԱՄԱՐ | [tġamardkántsʰ hamár] |

DESCONTOS	ԶԵՂՉԵՐ	[zeġčér]
SALDOS	Ի ՍՊԱՌ ՎԱՃԱՌՔ	[i spar vačárkʰ]
NOVIDADE!	ՆՈՐՈՒՅԹ!	[norújtʰ!]
GRÁTIS	ԱՆՎՃԱՐ	[anvčár]

ATENÇÃO!	ՈՒՇԱԴՐՈՒԹՅՈՒՆ	[ušadrutʰjún!]
NÃO HÁ VAGAS	ՏԵՂԵՐ ՉԿԱՆ	[teġér čkan]
RESERVADO	ՊԱՏՎԻՐՎԱԾ Է	[patvirváts ē]

| ADMINISTRAÇÃO | ԱԴՄԻՆԻՍՏՐԱՑԻԱ | [administrátsʰia] |
| SOMENTE PESSOAL AUTORIZADO | ՄԻԱՅՆ ԱՇԽԱՏԱԿԻՑՆԵՐԻ ՀԱՄԱՐ | [miájn ašχatakitsʰnerí hamár] |

CUIDADO CÃO FEROZ	ԿԱՏԱՂԻ ՇՈՒՆ	[kataġí šun]
PROIBIDO FUMAR!	ՉԾԽԵԼ	[čtsχél!]
NÃO TOCAR	ՁԵՌՔ ՉՏԱԼ	[dzerkʰ čtal]

PERIGOSO	ՎՏԱՆԳԱՎՈՐ Է	[vtangavór ē]
PERIGO	ՎՏԱՆԳԱՎՈՐ Է	[vtangavór ē]
ALTA TENSÃO	ԲԱՐՁՐ ԼԱՐՈՒՄ	[bárdzr larúm]
PROIBIDO NADAR	ԼՈՂԱԼՆ ԱՐԳԵԼՎՈՒՄ Է	[loġáln argelvúm ē]
AVARIADO	ՉԻ ԱՇԽԱՏՈՒՄ	[či ašχatúm]

INFLAMÁVEL	ՀՐԱՎՏԱՆԳԱՎՈՐ Է	[hravtangavór ē]
PROIBIDO	ԱՐԳԵԼՎԱԾ Է	[argelváts ē]
ENTRADA PROIBIDA	ԱՆՑՆԵԼՆ ԱՐԳԵԼՎԱԾ Է	[antsʰnéln argelváts ē]
CUIDADO TINTA FRESCA	ՆԵՐԿՎԱԾ Է	[nerkváts ē]

31. Compras

comprar (vt)	գնել	[gnel]
compra (f)	գնում	[gnum]
fazer compras	գնումներ կատարել	[gnumnér katarél]
compras (f pl)	գնումներ	[gnumnér]

| estar aberta (loja, etc.) | աշխատել | [ašχatél] |
| estar fechada | փակվել | [pʰakvél] |

calçado (m)	կոշիկ	[košík]
roupa (f)	հագուստ	[hagúst]
cosméticos (m pl)	կոսմետիկա	[kosmétika]
alimentos (m pl)	մթերքներ	[mtʰerkʰnér]
presente (m)	նվեր	[nver]

vendedor (m)	վաճառող	[vačaróġ]
vendedora (f)	վաճառողուհի	[vačaroġuhí]
caixa (f)	դրամարկղ	[dramárkġ]
espelho (m)	հայելի	[hajelí]

balcão (m)	վաճառասեղան	[vačaraseġán]
cabine (f) de provas	հանդերձարան	[handerdzarán]
provar (vt)	փորձել	[pʰordzél]
servir (vi)	սազել	[sazél]
gostar (apreciar)	դուր գալ	[dur gal]
preço (m)	գին	[gin]
etiqueta (f) de preço	գնապիտակ	[gnapiták]
custar (vt)	արժենալ	[arʒenál]
Quanto?	Որքա՞ն արժե	[vorkʰán arʒé?]
desconto (m)	զեղչ	[zeġč]
não caro	ոչ թանկ	[voč tʰank]
barato	էժան	[ēʒán]
caro	թանկ	[tʰank]
É caro	Սա թանկ է	[sa tʰánk ē]
aluguer (m)	վարձույթ	[vardzújtʰ]
alugar (vestidos, etc.)	վարձել	[vardzél]
crédito (m)	վարկ	[vark]
a crédito	վարկով	[varkóv]

VESTUÁRIO & ACESSÓRIOS

32. Roupa exterior. Casacos

roupa (f)	հագուստ	[hagúst]
roupa (f) exterior	վերնազգեստ	[vernazgést]
roupa (f) de inverno	ձմեռային հագուստ	[dzmerajín hagúst]
sobretudo (m)	վերարկու	[verarkú]
casaco (m) de peles	մուշտակ	[mušták]
casaco curto (m) de peles	կիսամուշտակ	[kisamušták]
casaco (m) acolchoado	բմբուլե բաճկոն	[bmbulé bačkón]
casaco, blusão (m)	բաճկոն	[bačkón]
impermeável (m)	թիկնոց	[tʰiknótsʰ]
impermeável	անջրանցիկ	[andʒrantsʰík]

33. Vestuário de homem & mulher

camisa (f)	վերնաշապիկ	[vernašapík]
calças (f pl)	տաբատ	[tabát]
calças (f pl) de ganga	ջինսեր	[dʒinsér]
casaco (m) de fato	պիջակ	[pidʒák]
fato (m)	կոստյում	[kostjúm]
vestido (ex. ~ vermelho)	զգեստ	[zgest]
saia (f)	շրջազգեստ	[šrdʒazgést]
blusa (f)	բլուզ	[bluz]
casaco (m) de malha	կոֆտա	[koftá]
casaco, blazer (m)	ժակետ	[ʒakét]
T-shirt, camiseta (f)	մարզաշապիկ	[marzašapík]
calções (Bermudas, etc.)	կարճ տաբատ	[karč tabát]
fato (m) de treino	մարզազգեստ	[marzazgést]
roupão (m) de banho	խալաթ	[χalátʰ]
pijama (m)	ննջազգեստ	[nndʒazgést]
suéter (m)	սվիտեր	[svitér]
pulôver (m)	պուլովեր	[pulóver]
colete (m)	բաճկոնակ	[bačkonák]
fraque (m)	ֆրակ	[frak]
smoking (m)	սմոկինգ	[smóking]
uniforme (m)	համազգեստ	[hamazgést]
roupa (f) de trabalho	աշխատանքային համազգեստ	[ašχatankʰajín hamazgést]
fato-macaco (m)	կոմբինեզոն	[kombinezón]
bata (~ branca, etc.)	խալաթ	[χalátʰ]

34. Vestuário. Roupa interior

roupa (f) interior	ներքնազգեստ	[nerkʰnazgést]
camisola (f) interior	ներքնաշապիկ	[nerkʰnašapík]
peúgas (f pl)	կիսագուլպա	[kisagulpá]
camisa (f) de noite	գիշերանոց	[gišeranótsʰ]
sutiã (m)	կրծկալ	[krtskʰákal]
meias longas (f pl)	կարճ գուլպաներ	[karč gulpanér]
meia-calça (f)	զուգագուլպա	[zugagulpá]
meias (f pl)	գուլպաներ	[gulpanér]
fato (m) de banho	լողազգեստ	[loġazgést]

35. Adereços de cabeça

chapéu (m)	գլխարկ	[glxark]
chapéu (m) de feltro	էզրավոր գլխարկ	[ezravór glxárk]
boné (m) de beisebol	մարզագլխարկ	[marzaglxárk]
boné (m)	կեպի	[képi]
boina (f)	բերետ	[berét]
capuz (m)	գլխանոց	[glxanótsʰ]
panamá (m)	պանամա	[panáma]
gorro (m) de malha	գործած գլխարկ	[gortsáts glxárk]
lenço (m)	գլխաշոր	[glxašór]
chapéu (m) de mulher	գլխարկիկ	[glxarkík]
capacete (m) de proteção	սաղավարտ	[saġavárt]
bibico (m)	պիլոտկա	[pilótka]
capacete (m)	սաղավարտ	[saġavárt]
chapéu-coco (m)	կոտելոկ	[kotelók]
chapéu (m) alto	գլանագլխարկ	[glanaglxárk]

36. Calçado

calçado (m)	կոշիկ	[košík]
botinas (f pl)	ճտքավոր կոշիկներ	[čtkʰavór košiknér]
sapatos (de salto alto, etc.)	կոշիկներ	[košiknér]
botas (f pl)	երկարաճիտ կոշիկներ	[erkaračít košiknér]
pantufas (f pl)	հողաթափեր	[hoġatʰapʰér]
ténis (m pl)	բոթասներ	[botʰasnér]
sapatilhas (f pl)	մարզական կոշիկներ	[marzakán košiknér]
sandálias (f pl)	սանդղներ	[sandalnér]
sapateiro (m)	կոշկակար	[koškakár]
salto (m)	կրունկ	[krunk]
par (m)	զույգ	[zujg]
atacador (m)	կոշկակապ	[koškakáp]

43

apertar os atacadores	կոշկակապել	[koškakapél]
calçadeira (f)	թիակ	[tʰiak]
graxa (f) para calçado	կոշիկի քսուք	[košikí ksúkʰ]

37. Acessórios pessoais

luvas (f pl)	ձեռնոցներ	[dzernotsʰnér]
mitenes (f pl)	ձեռնոց	[dzernótsʰ]
cachecol (m)	շարֆ	[šarf]

óculos (m pl)	ակնոց	[aknótsʰ]
armação (f) de óculos	շրջանակ	[šrdzanák]
guarda-chuva (m)	հովանոց	[hovanótsʰ]
bengala (f)	ձեռնափայտ	[dzernapʰájt]
escova (f) para o cabelo	մազերի խոզանակ	[mazerí χozanák]
leque (m)	հովհար	[hovhár]

gravata (f)	փողկապ	[pʰoġkáp]
gravata-borboleta (f)	փողկապ-թիթեռնիկ	[pʰoġkáp tʰitʰerník]
suspensórios (m pl)	տաբատակալ	[tabatakál]
lenço (m)	թաշկինակ	[tʰaškinák]

pente (m)	սանր	[sanr]
travessão (m)	մազակալ	[mazakál]
gancho (m) de cabelo	ծամկալ	[tsamkál]
fivela (f)	ճարմանդ	[čarmánd]

| cinto (m) | գոտի | [gotí] |
| correia (f) | փոկ | [pʰok] |

mala (f)	պայուսակ	[pajusák]
mala (f) de senhora	կանացի պայուսակ	[kanatsʰí pajusák]
mochila (f)	ուղեպարկ	[uġepárk]

38. Vestuário. Diversos

moda (f)	նորաձևություն	[noradzevutʰjún]
na moda	նորաձև	[noradzév]
estilista (m)	մոդելյեր	[modelér]

colarinho (m), gola (f)	օձիք	[odzíkʰ]
bolso (m)	գրպան	[grpan]
de bolso	գրպանի	[grpaní]
manga (f)	թև	[tʰevkʰ]
alcinha (f)	կախիչ	[kaχíč]
braguilha (f)	լայնույթ	[lajnújtʰ]

fecho (m) de correr	կայծակաճարմանդ	[kajtsaka čarmánd]
fecho (m), colchete (m)	ճարմանդ	[čarmánd]
botão (m)	կոճակ	[kočák]
casa (f) de botão	հանգույց	[hangújtsʰ]
soltar-se (vr)	պոկվել	[pokvél]

coser, costurar (vi)	կարել	[karél]
bordar (vt)	ասեղնագործել	[aseġnagortsél]
bordado (m)	ասեղնագործություն	[aseġnagortsutʰjún]
agulha (f)	ասեղ	[aséġ]
fio (m)	թել	[tʰel]
costura (f)	կար	[kar]
sujar-se (vr)	կեղտոտվել	[keġtotvél]
mancha (f)	բիծ	[bits]
engelhar-se (vr)	ճմրթվել	[čmrtʰel]
rasgar (vt)	ճղվել	[čġvel]
traça (f)	ցեց	[tsʰetsʰ]

39. Cuidados pessoais. Cosméticos

pasta (f) de dentes	ատամի մածուկ	[atamí matsúk]
escova (f) de dentes	ատամի խոզանակ	[atamí χozanák]
escovar os dentes	ատամները մաքրել	[atamnérə makʰrél]
máquina (f) de barbear	ածելի	[atselí]
creme (m) de barbear	սափրվելու կրեմ	[sapʰrvelú krem]
barbear-se (vr)	սափրվել	[sapʰrvél]
sabonete (m)	օճառ	[očár]
champô (m)	շամպուն	[šampún]
tesoura (f)	մկրատ	[mkrat]
lima (f) de unhas	խարտոց	[χartótsʰ]
corta-unhas (m)	ունելիքը	[unelíkʰ]
pinça (f)	ունելի	[unelí]
cosméticos (m pl)	կոսմետիկա	[kosmétika]
máscara (f) facial	դիմակ	[dimák]
manicura (f)	մանիկյուր	[manikjúr]
fazer a manicura	մատնահարդարում	[matnahardarúm]
pedicure (f)	պեդիկյուր	[pedikjúr]
mala (f) de maquilhagem	կոսմետիկայի պայուսակ	[kosmetikají pajusák]
pó (m)	դիմափոշի	[dimapʰoší]
caixa (f) de pó	դիմափոշու աման	[dimapʰošú amán]
blush (m)	կարմրաներկ	[karmranérk]
perfume (m)	օծանելիք	[otsanelíkʰ]
água (f) de toilette	անուշահոտ ջուր	[anušahót dʒur]
loção (f)	լոսյոն	[losjón]
água-de-colónia (f)	օդեկոլոն	[odekolón]
sombra (f) de olhos	կոպերի ներկ	[koperí nérk]
lápis (m) delineador	աչքի մատիտ	[ačkʰí matít]
máscara (f), rímel (m)	տուշ	[tuš]
batom (m)	շրթներկ	[šrtʰnerk]
verniz (m) de unhas	եղունգների լաք	[eġungnerí lákʰ]
laca (f) para cabelos	մազերի լաք	[mazerí lakʰ]

desodorizante (m)	դեզոդորանտ	[dezodoránt]
creme (m)	կրեմ	[krem]
creme (m) de rosto	դեմքի կրեմ	[demkʰí krem]
creme (m) de mãos	ձեռքի կրեմ	[dzerkʰí krem]
creme (m) antirrugas	կնճիռների դեմ կրեմ	[knčirnerí dém krém]
de dia	ցերեկային	[tsʰerekajín]
da noite	գիշերային	[gišerajín]
tampão (m)	տամպոն	[tampón]
papel (m) higiénico	զուգարանի թուղթ	[zugaraní tʰúgtʰ]
secador (m) elétrico	ֆեն	[fen]

40. Relógios de pulso. Relógios

relógio (m) de pulso	ձեռքի ժամացույց	[dzerkʰí ʒamatsʰújtsʰ]
mostrador (m)	թվահարթակ	[tʰvahartʰák]
ponteiro (m)	սլաք	[slakʰ]
bracelete (f) em aço	շղթա	[šgtʰa]
bracelete (f) em couro	փոկ	[pʰok]
pilha (f)	մարտկոց	[martkótsʰ]
descarregar-se	նստել	[nstel]
trocar a pilha	մարտկոցը փոխել	[martkótsʰə pʰoχél]
estar adiantado	առաջ ընկնել	[arádʒ ənknél]
estar atrasado	ետ ընկնել	[et ənknél]
relógio (m) de parede	պատի ժամացույց	[patí ʒamatsʰújtsʰ]
ampulheta (f)	ավազի ժամացույց	[avazí ʒamatsʰújtsʰ]
relógio (m) de sol	արևի ժամացույց	[areví ʒamatsʰújtsʰ]
despertador (m)	զարթուցիչ	[zartʰutsʰíč]
relojoeiro (m)	ժամագործ	[ʒamagórts]
reparar (vt)	նորոգել	[norogél]

EXPERIÊNCIA DO QUOTIDIANO

41. Dinheiro

dinheiro (m)	դրամ	[dram]
câmbio (m)	փոխանակում	[pʰoχanakúm]
taxa (f) de câmbio	փոխարժեք	[pʰoχarʒékʰ]
Caixa Multibanco (m)	բանկոմատ	[bankomát]
moeda (f)	մետաղադրամ	[metaġadrám]

dólar (m)	դոլլար	[dollár]
euro (m)	եվրո	[évro]

lira (f)	լիրա	[líra]
marco (m)	մարկ	[mark]
franco (m)	ֆրանկ	[frank]
libra (f) esterlina	ֆունտ ստերլինգ	[fúnt stérling]
iene (m)	յեն	[jen]

dívida (f)	պարտք	[partkʰ]
devedor (m)	պարտապան	[partapán]
emprestar (vt)	պարտքով տալ	[partkʰóv tal]
pedir emprestado	պարտքով վերցնել	[partkʰóv vertsʰnél]

banco (m)	բանկ	[bank]
conta (f)	հաշիվ	[hašív]
depositar na conta	հաշվի վրա գցել	[hašví vra gtsʰel]
levantar (vt)	հաշվից հանել	[hašvítsʰ hanél]

cartão (m) de crédito	վարկային քարտ	[varkʰajín kʰárt]
dinheiro (m) vivo	կանխիկ դրամ	[kanχík dram]
cheque (m)	չեք	[čekʰ]
passar um cheque	չեք դուրս գրել	[čekʰ durs grel]
livro (m) de cheques	չեքային գրքույկ	[čekʰajín grkʰújk]

carteira (f)	թղթապանակ	[tʰġtʰapanák]
porta-moedas (m)	դրամապանակ	[dramapanák]
cofre (m)	չհրկիզվող պահարան	[čhrkizvóġ paharán]

herdeiro (m)	ժառանգ	[ʒaráng]
herança (f)	ժառանգություն	[ʒarangutʰjún]
fortuna (riqueza)	ունեցվածք	[unetsʰvátskʰ]

arrendamento (m)	վարձ	[vardz]
renda (f) de casa	բնակվարձ	[bnakvárdz]
alugar (vt)	վարձել	[vardzél]

preço (m)	գին	[gin]
custo (m)	արժեք	[arʒékʰ]
soma (f)	գումար	[gumár]

gastar (vt)	ծախսել	[tsaχsél]
gastos (m pl)	ծախսեր	[tsaχsér]
economizar (vi)	տնտեսել	[tntesél]
económico	տնտեսող	[tntesóġ]
pagar (vt)	վճարել	[včarél]
pagamento (m)	վճար	[včár]
troco (m)	մանր	[manr]
imposto (m)	հարկ	[hark]
multa (f)	տուգանք	[tugánkʰ]
multar (vt)	տուգանել	[tuganél]

42. Correios. Serviço postal

correios (m pl)	փոստ	[pʰost]
correio (m)	փոստ	[pʰost]
carteiro (m)	փոստատար	[pʰostatár]
horário (m)	աշխատանքային ժամեր	[ašχatankʰajín ʒamér]
carta (f)	նամակ	[namák]
carta (f) registada	պատվիրված նամակ	[patvirváts namák]
postal (m)	բացիկ	[batsʰík]
telegrama (m)	հեռագիր	[heragír]
encomenda (f) postal	ծանրոց	[tsanróts ʰ]
remessa (f) de dinheiro	դրամային փոխանցում	[dramajín pʰoχantsʰúm]
receber (vt)	ստանալ	[stanál]
enviar (vt)	ուղարկել	[uġarkél]
envio (m)	ուղարկում	[uġarkúm]
endereço (m)	հասցե	[hastsʰé]
código (m) postal	ինդեքս	[indéks]
remetente (m)	ուղարկող	[uġarkóġ]
destinatário (m)	ստացող	[statsʰóġ]
nome (m)	անուն	[anún]
apelido (m)	ազգանուն	[azganún]
tarifa (f)	սակագին	[sakagín]
ordinário	սովորական	[sovorakán]
económico	տնտեսող	[tntesóġ]
peso (m)	բաշ	[kʰaš]
pesar (estabelecer o peso)	կշռել	[kšrel]
envelope (m)	ծրար	[tsrar]
selo (m)	նամականիշ	[namakaníš]

43. Banca

banco (m)	բանկ	[bank]
sucursal, balcão (f)	բաժանմունք	[baʒanmúnkʰ]

| consultor (m) | խորհրդատու | [χorhrdatú] |
| gerente (m) | կառավարիչ | [karavaríč] |

conta (f)	հաշիվ	[hašív]
número (m) da conta	հաշվի համար	[hašví hamár]
conta (f) corrente	ընթացիկ հաշիվ	[əntʰatsʰík hašív]
conta (f) poupança	կուտակային հաշիվ	[kutakajín hašív]

abrir uma conta	հաշիվ բացել	[hašív batsʰél]
fechar uma conta	հաշիվ փակել	[hašív pʰakél]
depositar na conta	հաշվի վրա գցել	[hašví vra gtsʰel]
levantar (vt)	հաշվից հանել	[hašvítsʰ hanél]

depósito (m)	ավանդ	[avánd]
fazer um depósito	ավանդ ներդնել	[avánd nerdnél]
transferência (f) bancária	փոխանցում	[pʰoχantsʰúm]
transferir (vt)	փոխանցում կատարել	[pʰoχantsʰúm katarél]

| soma (f) | գումար | [gumár] |
| Quanto? | Որքա՞ն | [vorkʰán?] |

| assinatura (f) | ստորագրություն | [storagrutʰjún] |
| assinar (vt) | ստորագրել | [storagrél] |

cartão (m) de crédito	վարկային քարտ	[varkʰajín kʰárt]
código (m)	կոդ	[kod]
número (m) do cartão de crédito	վարկային քարտի համար	[varkʰajín kʰartí hamár]
Caixa Multibanco (m)	բանկոմատ	[bankomát]

cheque (m)	չեք	[čekʰ]
passar um cheque	չեք դուրս գրել	[čekʰ durs grel]
livro (m) de cheques	չեքային գրքույկ	[čekʰajín grkʰújk]

empréstimo (m)	վարկ	[vark]
pedir um empréstimo	դիմել վարկ ստանալու համար	[dimél várk stanalú hamár]
obter um empréstimo	վարկ վերցնել	[vark vertsʰnél]
conceder um empréstimo	վարկ տրամադրել	[vark tramadrél]
garantia (f)	գրավական	[gravakán]

44. Telefone. Conversação telefónica

telefone (m)	հեռախոս	[heraχós]
telemóvel (m)	բջջային հեռախոս	[bdʒdʒajín heraχós]
secretária (f) electrónica	ինքնապատասխանիչ	[inkʰnapatasχaníč]

| fazer uma chamada | զանգահարել | [zangaharél] |
| chamada (f) | զանգ | [zang] |

marcar um número	համարը հավաքել	[hamárə havakʰél]
Alô!	Ալո՛	[aló!]
perguntar (vt)	հարցնել	[hartsʰnél]
responder (vt)	պատասխանել	[patasχanél]

ouvir (vt)	լսել	[lsel]
bem	լավ	[lav]
mal	վատ	[vat]
ruído (m)	խառնարումներ	[xangarumnér]

auscultador (m)	լսափող	[lsapʰóġ]
pegar o telefone	լսափողը վերցնել	[lsapʰóġə vertsʰnél]
desligar (vi)	լսափողը դնել	[lsapʰóġə dnél]

ocupado	զբաղված	[zbaġváts]
tocar (vi)	զանգել	[zangél]
lista (f) telefónica	հեռախոսագիրք	[heraxosagírkʰ]

local	տեղային	[teġajín]
de longa distância	միջքաղաքային	[midʒkaġakʰajín]
internacional	միջազգային	[midʒazgajín]

45. Telefone móvel

telemóvel (m)	բջջային հեռախոս	[bdʒdʒajín heraxós]
ecrã (m)	էկրան	[ēkrán]
botão (m)	կոճակ	[kočák]
cartão SIM (m)	SIM-քարտ	[sim kʰart]

bateria (f)	մարտկոց	[martkótsʰ]
descarregar-se	լիցքաթափվել	[litsʰkʰatʰapʰvél]
carregador (m)	լիցքավորման սարք	[litsʰkavormán sárkʰ]

menu (m)	մենյու	[menjú]
definições (f pl)	լարք	[larkʰ]
melodia (f)	մեղեդի	[meġedí]
escolher (vt)	ընտրել	[əntrél]

calculadora (f)	հաշվիչ	[hašvíč]
correio (m) de voz	ինքնապատասխանիչ	[inkʰnapatasxaníč]
despertador (m)	զարթուցիչ	[zartʰutsʰíč]
contatos (m pl)	հեռախոսագիրք	[heraxosagírkʰ]

| mensagem (f) de texto | SMS-հաղորդագրություն | [SMS haġordagrutʰjún] |
| assinante (m) | բաժանորդ | [baʒanórd] |

46. Estacionário

| caneta (f) | ինքնահոս գրիչ | [inkʰnahós gríč] |
| caneta (f) tinteiro | փետրավոր գրիչ | [pʰetravór grič] |

lápis (m)	մատիտ	[matít]
marcador (m)	նշիչ	[nšič]
caneta (f) de feltro	ֆլոմաստեր	[flomastér]

| bloco (m) de notas | նոթատետր | [notʰatétr] |
| agenda (f) | օրագիրք | [oragírkʰ] |

régua (f)	քանոն	[kʰanón]
calculadora (f)	հաշվիչ	[hašvíč]
borracha (f)	ռետին	[retín]
pionés (m)	սեղնակ	[severák]
clipe (m)	ամրակ	[amrák]

cola (f)	սոսինձ	[sosíndz]
agrafador (m)	ճարմանդակարիչ	[čarmandakaríč]
furador (m)	ծակոտիչ	[tsakotíč]
afia-lápis (m)	սրիչ	[srič]

47. Línguas estrangeiras

língua (f)	լեզու	[lezú]
língua (f) estrangeira	օտար լեզու	[otár lezú]
estudar (vt)	ուսումնասիրել	[usumnasirél]
aprender (vt)	սովորել	[sovorél]

ler (vt)	կարդալ	[kardál]
falar (vi)	խոսել	[χosél]
compreender (vt)	հասկանալ	[haskanál]
escrever (vt)	գրել	[grel]

rapidamente	արագ	[arág]
devagar	դանդաղ	[dandáġ]
fluentemente	ազատ	[azát]

regras (f pl)	կանոն	[kanón]
gramática (f)	քերականություն	[kʰerakanutʰjún]
vocabulário (m)	բառագիտություն	[baragitutʰjún]
fonética (f)	հնչյունաբանություն	[hnčjunabanutʰjún]

manual (m) escolar	դասագիրք	[dasagírkʰ]
dicionário (m)	բառարան	[bararán]
manual (m) de autoaprendizagem	ինքնուսույց	[inkʰnusújtsʰ]
guia (m) de conversação	զրուցարան	[zrutsʰarán]

cassete (f)	ձայներիզ	[dzajneríz]
vídeo cassete (m)	տեսաերիզ	[tesaeríz]
CD (m)	խտասկավառակ	[χtaskavarák]
DVD (m)	DVD-սկավառակ	[dividí skavarák]

alfabeto (m)	այբուբեն	[ajbubén]
soletrar (vt)	տառերով արտասանել	[taleróv artasanél]
pronúncia (f)	արտասանություն	[artasanutʰjún]

sotaque (m)	առոգանություն	[aktsʰént]
com sotaque	առոգանությով	[aktsʰentóv]
sem sotaque	առանց առոգանություն	[arántsʰ aktsʰént]

palavra (f)	բառ	[bar]
sentido (m)	իմաստ	[imást]
cursos (m pl)	դասընթաց	[dasəntʰátsʰ]

inscrever-se (vr)	գրանցվել	[grantsʰvél]
professor (m)	ուսուցիչ	[usutsʰíč]
tradução (processo)	թարգմանություն	[tʰargmanutʰjún]
tradução (texto)	թարգմանություն	[tʰargmanutʰjún]
tradutor (m)	թարգմանիչ	[tʰargmaníč]
intérprete (m)	թարգմանիչ	[tʰargmaníč]
poliglota (m)	պոլիգլոտ	[poliglót]
memória (f)	հիշողություն	[hišoġutʰjún]

REFEIÇÕES. RESTAURANTE

48. Por a mesa

colher (f)	գդալ	[gdal]
faca (f)	դանակ	[danák]
garfo (m)	պատառաքաղ	[patarakʰáġ]
chávena (f)	բաժակ	[baʒák]
prato (m)	ափսե	[apʰsé]
pires (m)	պնակ	[pnak]
guardanapo (m)	անձեռոցիկ	[andzerotsʰík]
palito (m)	ատամնափորիչ	[atamnapʰoríč]

49. Restaurante

restaurante (m)	ռեստորան	[restorán]
café (m)	սրճարան	[srčarán]
bar (m), cervejaria (f)	բար	[bar]
salão (m) de chá	թեյարան	[tʰejarán]
empregado (m) de mesa	մատուցող	[matutsʰóġ]
empregada (f) de mesa	մատուցողուհի	[matutsʰoġuhí]
barman (m)	բարմեն	[barmén]
ementa (f)	մենյու	[menjú]
lista (f) de vinhos	գինիների գրացանկ	[gininerí gratsʰánk]
reservar uma mesa	սեղան պատվիրել	[seġán patvirél]
prato (m)	ուտեստ	[utést]
pedir (vt)	պատվիրել	[patvirél]
fazer o pedido	պատվեր կատարել	[patvér katarél]
aperitivo (m)	ապերիտիվ	[aperitív]
entrada (f)	խորտիկ	[xortík]
sobremesa (f)	աղանդեր	[aġandér]
conta (f)	հաշիվ	[hašív]
pagar a conta	հաշիվը փակել	[hašívə pʰakél]
dar o troco	մանրը վերադարձնել	[mánrə veradartsnél]
gorjeta (f)	թեյափող	[tʰejapʰóġ]

50. Refeições

comida (f)	կերակուր	[kerakúr]
comer (vt)	ուտել	[utél]

T&P Books. Vocabulário Português-Arménio - 3000 palavras

pequeno-almoço (m)	նախաճաշ	[naχačáš]
tomar o pequeno-almoço	նախաճաշել	[naχačašél]
almoço (m)	ճաշ	[čaš]
almoçar (vi)	ճաշել	[čašél]
jantar (m)	ընթրիք	[ənt'rík']
jantar (vi)	ընթրել	[ənt'rél]

apetite (m)	ախորժակ	[aχorʒák]
Bom apetite!	Բարի ախորժա'կ	[barí aχorʒák]

abrir (~ uma lata, etc.)	բացել	[batsʰél]
derramar (vt)	թափել	[tʰapʰél]
derramar-se (vr)	թափվել	[tʰapʰvél]

ferver (vi)	եռալ	[erál]
ferver (vt)	եռացնել	[eratsʰnél]
fervido	եռացրած	[eratsʰráts]
arrefecer (vt)	սառեցնել	[saretsʰnél]
arrefecer-se (vr)	սառեցվել	[saretsʰvél]

sabor, gosto (m)	համ	[ham]
gostinho (m)	կողմնակի համ	[koġmnakí ham]

fazer dieta	նիհարել	[niharél]
dieta (f)	սննդակարգ	[snndakárg]
vitamina (f)	վիտամին	[vitamín]
caloria (f)	կալորիա	[kalória]
vegetariano (m)	բուսակեր	[busakér]
vegetariano	բուսակերական	[busakerakán]

gorduras (f pl)	ճարպեր	[čarpér]
proteínas (f pl)	սպիտակուցներ	[spitakutsʰnér]
carboidratos (m pl)	ածխաջրեր	[atsχaʤrér]
fatia (~ de limão, etc.)	պատառ	[patár]
pedaço (~ de bolo)	կտոր	[ktor]
migalha (f)	փշուր	[pʰšur]

51. Pratos cozinhados

prato (m)	ճաշատեսակ	[čašatesák]
cozinha (~ portuguesa)	խոհանոց	[χohanótsʰ]
receita (f)	բաղադրատոմս	[baġadratóms]
porção (f)	բաժին	[baʒín]

salada (f)	աղցան	[aġtsʰán]
sopa (f)	ապուր	[apúr]

caldo (m)	մսաջուր	[msaʤúr]
sandes (f)	բրդուճ	[brduč]
ovos (m pl) estrelados	ձվածեղ	[dzvatség]

hambúrguer (m)	համբուրգեր	[hamburgér]
bife (m)	բիֆշտեքս	[bifštékʰs]
conduto (m)	գառնիր	[garnír]

espaguete (m)	սպագետի	[spagétti]
puré (m) de batata	կարտոֆիլի պյուրե	[kartofilí pjuré]
pizza (f)	պիցցա	[pítsʰa]
papa (f)	շիլա	[šilá]
omelete (f)	ձվածեղ	[dzvatséġ]

cozido em água	եփած	[epʰáts]
fumado	ապխտած	[apχtáts]
frito	տապակած	[tapakáts]
seco	չորացրած	[čoratsʰráts]
congelado	սառեցված	[saretsʰváts]
em conserva	մարինացված	[marinatsʰváts]

doce (açucarado)	քաղցր	[kʰaġtsʰr]
salgado	աղի	[aġí]
frio	սառը	[sárə]
quente	տաք	[takʰ]
amargo	դառը	[dárə]
gostoso	համեղ	[haméġ]

cozinhar (em água a ferver)	եփել	[epʰél]
fazer, preparar (vt)	պատրաստել	[patrastél]
fritar (vt)	տապակել	[tapakél]
aquecer (vt)	տաքացնել	[takʰatsʰnél]

salgar (vt)	աղ անել	[aġ anél]
apimentar (vt)	պղպեղ անել	[pġpéġ anél]
ralar (vt)	քերել	[kʰerél]
casca (f)	կլեպ	[klep]
descascar (vt)	կլպել	[klpel]

52. Comida

carne (f)	միս	[mis]
galinha (f)	հավ	[hav]
frango (m)	ճուտ	[čut]
pato (m)	բադ	[bad]
ganso (m)	սագ	[sag]
caça (f)	որսամիս	[vorsamís]
peru (m)	հնդկահավ	[hndkaháv]

carne (f) de porco	խոզի միս	[χozí mis]
carne (f) de vitela	հորթի միս	[hortʰí mís]
carne (f) de carneiro	ոչխարի միս	[vočχarí mis]
carne (f) de vaca	տավարի միս	[tavarí mis]
carne (f) de coelho	ճագար	[čagár]

chouriço, salsichão (m)	երշիկ	[eršík]
salsicha (f)	նրբերշիկ	[nrberšík]
bacon (m)	բեկոն	[bekón]
fiambre (f)	խոզապուխտ	[χozapúχt]
presunto (m)	ազդր	[azdr]
patê (m)	պաշտետ	[paštét]
fígado (m)	լյարդ	[ljard]

carne (f) moída	աղացած միս	[aġatsʰáts mis]
língua (f)	լեզու	[lezú]

ovo (m)	ձու	[dzu]
ovos (m pl)	ձվեր	[dzver]
clara (f) do ovo	սպիտակուց	[spitakútsʰ]
gema (f) do ovo	դեղնուց	[deġnútsʰ]

peixe (m)	ձուկ	[dzuk]
mariscos (m pl)	ծովամթերքներ	[tsovamtʰerkʰnér]
caviar (m)	ձկնկիթ	[dzknkitʰ]

caranguejo (m)	ծովախեցգետին	[tsovaχetsʰgetín]
camarão (m)	մանր ծովախեցգետին	[mánr tsovaχetsʰgetín]
ostra (f)	ոստրե	[vostré]
lagosta (f)	լանգուստ	[langúst]
polvo (m)	ութոտնուկ	[utʰotnúk]
lula (f)	կաղամար	[kaġamár]

esturjão (m)	թառափ	[tʰarápʰ]
salmão (m)	սաղման	[saġmán]
halibute (m)	վահանաձուկ	[vahanadzúk]

bacalhau (m)	ձողաձուկ	[dzoġadzúk]
cavala, sarda (f)	թյունիկ	[tʰjuník]
atum (m)	թյուննոս	[tʰjunnós]
enguia (f)	օձաձուկ	[odzadzúk]

truta (f)	իշխան	[išχán]
sardinha (f)	սարդինա	[sardína]
lúcio (m)	գայլաձուկ	[gajladzúk]
arenque (m)	ծովատառեխ	[tsovataréχ]

pão (m)	հաց	[hatsʰ]
queijo (m)	պանիր	[panír]
açúcar (m)	շաքար	[šakʰár]
sal (m)	աղ	[aġ]

arroz (m)	բրինձ	[brindz]
massas (f pl)	մակարոն	[makarón]
talharim (m)	լափշա	[lapʰšá]

manteiga (f)	սերուցքային կարագ	[serutsʰkʰajín karág]
óleo (m) vegetal	բուսական յող	[busakán júġ]
óleo (m) de girassol	արևածաղկի ձեթ	[arevatsaġkí dzetʰ]
margarina (f)	մարգարին	[margarín]

azeitonas (f pl)	զեյթուն	[zeytún]
azeite (m)	ձիթապտղի ձեթ	[dzitʰaptġí dzetʰ]

leite (m)	կաթ	[katʰ]
leite (m) condensado	խտացրած կաթ	[χtatsʰrátsʰ kátʰ]
iogurte (m)	յոգուրտ	[jogúrt]
nata (f) azeda	թթվասեր	[tʰtʰvasér]
nata (f) do leite	սերուցք	[serútsʰkʰ]
maionese (f)	մայոնեզ	[majonéz]

T&P Books. Vocabulário Português-Arménio - 3000 palavras

creme (m)	կրեմ	[krem]
grãos (m pl) de cereais	ձավար	[dzavár]
farinha (f)	ալյուր	[aljúr]
enlatados (m pl)	պահածոներ	[pahatsonér]
flocos (m pl) de milho	եգիպտացորենի փաթիլներ	[egiptatsʰorení pʰatʰilnér]
mel (m)	մեղր	[meġr]
doce (m)	ջեմ	[dʒem]
pastilha (f) elástica	մաստակ	[masták]

53. Bebidas

água (f)	ջուր	[dʒur]
água (f) potável	խմելու ջուր	[χmelú dʒur]
água (f) mineral	հանքային ջուր	[hankʰajín dʒúr]
sem gás	առանց գազի	[arántsʰ gazí]
gaseificada	գազավորված	[gazavorváts]
com gás	գազով	[gazóv]
gelo (m)	սառույց	[sarújtsʰ]
com gelo	սառույցով	[sarutsʰóv]
sem álcool	ոչ ալկոհոլային	[voč alkoholajín]
bebida (f) sem álcool	ոչ ալկոհոլային ըմպելիք	[voč alkoholajín əmpelíkʰ]
refresco (m)	զովացուցիչ ըմպելիք	[zovatsʰutsʰíč əmpelíkʰ]
limonada (f)	լիմոնադ	[limonád]
bebidas (f pl) alcoólicas	ալկոհոլային խմիչքներ	[alkoholajín χmičkʰnér]
vinho (m)	գինի	[giní]
vinho (m) branco	սպիտակ գինի	[spiták giní]
vinho (m) tinto	կարմիր գինի	[karmír giní]
licor (m)	լիկյոր	[likjor]
champanhe (m)	շամպայն	[šampájn]
vermute (m)	վերմուտ	[vérmut]
uísque (m)	վիսկի	[víski]
vodka (f)	օղի	[oġí]
gim (m)	ջին	[dʒin]
conhaque (m)	կոնյակ	[konják]
rum (m)	ռոմ	[rom]
café (m)	սուրճ	[surč]
café (m) puro	սև սուրճ	[sev surč]
café (m) com leite	կաթով սուրճ	[katʰóv súrč]
cappuccino (m)	սերուցքով սուրճ	[serutsʰkʰóv súrč]
café (m) solúvel	լուծվող սուրճ	[lutsvóġ súrč]
leite (m)	կաթ	[katʰ]
coquetel (m)	կոկտեյլ	[koktéjl]
batido (m) de leite	կաթնային կոկտեյլ	[katʰnajín koktéjl]
sumo (m)	հյութ	[hjutʰ]
sumo (m) de tomate	տոմատի հյութ	[tomatí hjútʰ]

57

Português	Arménio	Transcrição
sumo (m) de laranja	նարնջի հյութ	[narndží hjutʰ]
sumo (m) fresco	թարմ քամված հյութ	[tʰarm kʰamváts hjutʰ]
cerveja (f)	գարեջուր	[garedʒúr]
cerveja (f) clara	բաց գարեջուր	[batsʰ garedʒúr]
cerveja (f) preta	մուգ գարեջուր	[múg garedʒúr]
chá (m)	թեյ	[tʰej]
chá (m) preto	սև թեյ	[sev tʰej]
chá (m) verde	կանաչ թեյ	[kanáč tʰej]

54. Vegetais

Português	Arménio	Transcrição
legumes (m pl)	բանջարեղեն	[bandʒareġén]
verduras (f pl)	կանաչի	[kanačí]
tomate (m)	լոլիկ	[lolík]
pepino (m)	վարունգ	[varúng]
cenoura (f)	գազար	[gazár]
batata (f)	կարտոֆիլ	[kartofíl]
cebola (f)	սոխ	[soχ]
alho (m)	սխտոր	[sχtor]
couve (f)	կաղամբ	[kaġámb]
couve-flor (f)	ծաղկակաղամբ	[tsaġkakaġámb]
couve-de-bruxelas (f)	բրյուսելյան կաղամբ	[brjuselján kaġámb]
brócolos (m pl)	կաղամբ բրոկոլի	[kaġámb brokóli]
beterraba (f)	բազուկ	[bazúk]
beringela (f)	սմբուկ	[smbuk]
curgete (f)	դդմիկ	[ddmik]
abóbora (f)	դդում	[ddum]
nabo (m)	շաղգամ	[šaġgám]
salsa (f)	մաղադանոս	[maġadanós]
funcho, endro (m)	սամիթ	[samítʰ]
alface (f)	սալաթ	[salátʰ]
aipo (m)	նեխուր	[neχúr]
espargo (m)	ծնեբեկ	[tsnebék]
espinafre (m)	սպինատ	[spinát]
ervilha (f)	սիսեռ	[sisér]
fava (f)	լոբի	[lobí]
milho (m)	եգիպտացորեն	[egiptatsʰorén]
feijão (m)	լոբի	[lobí]
pimentão (m)	պղպեղ	[pġpeġ]
rabanete (m)	բողկ	[boġk]
alcachofra (f)	արտիճուկ	[artičúk]

55. Frutos. Nozes

Português	Arménio	Transcrição
fruta (f)	միրգ	[mirg]
maçã (f)	խնձոր	[χndzor]

pera (f)	տանձ	[tandz]
limão (m)	կիտրոն	[kitrón]
laranja (f)	նարինջ	[naríndʒ]
morango (m)	ելակ	[elák]

tangerina (f)	մանդարին	[mandarín]
ameixa (f)	սալոր	[salór]
pêssego (m)	դեղձ	[deġdz]
damasco (m)	ծիրան	[tsirán]
framboesa (f)	մորի	[morí]
ananás (m)	արքայախնձոր	[arkʰajaχndzór]

banana (f)	բանան	[banán]
melancia (f)	ձմերուկ	[dzmerúk]
uva (f)	խաղող	[χaġóġ]
ginja (f)	բալ	[bal]
cereja (f)	կեռաս	[kerás]
meloa (f)	սեխ	[seχ]

toranja (f)	գրեյպֆրուտ	[grejpfrút]
abacate (m)	ավոկադո	[avokádo]
papaia (f)	պապայա	[papája]
manga (f)	մանգո	[mángo]
romã (f)	նուռ	[nur]

groselha (f) vermelha	կարմիր հաղարջ	[karmír haġárdʒ]
groselha (f) preta	սև հաղարջ	[sév haġárdʒ]
groselha (f) espinhosa	հաղարջ	[haġárdʒ]
mirtilo (m)	հապալաս	[hapalás]
amora silvestre (f)	մոշ	[moš]

uvas (f pl) passas	չամիչ	[čamíč]
figo (m)	թուզ	[tʰuz]
tâmara (f)	արմավ	[armáv]

amendoim (m)	գետնընկույզ	[getnənkújz]
amêndoa (f)	նուշ	[nuš]
noz (f)	ընկույզ	[ənkújz]
avelã (f)	պնդուկ	[pnduk]
coco (m)	կոկոսի ընկույզ	[kokósi ənkújz]
pistáchios (m pl)	պիստակ	[pisták]

56. Pão. Bolaria

pastelaria (f)	հրուշակեղեն	[hrušakeġén]
pão (m)	հաց	[hatsʰ]
bolacha (f)	թխվածքաբլիթ	[tʰχvatskʰablítʰ]

chocolate (m)	շոկոլադ	[šokoládͅ]
de chocolate	շոկոլադե	[šokoladé]
rebuçado (m)	կոնֆետ	[konfét]
bolo (cupcake, etc.)	հրուշակ	[hrušák]
bolo (m) de aniversário	տորթ	[tortʰ]
tarte (~ de maçã)	կարկանդակ	[karkandák]

recheio (m)	լցուն	[ltsʰon]
doce (m)	մուրաբա	[murabá]
geleia (f) de frutas	մարմելադ	[marmelád]
waffle (m)	վաֆլի	[vaflí]
gelado (m)	պաղպաղակ	[paġpaġák]

57. Especiarias

sal (m)	աղ	[aġ]
salgado	աղի	[aġí]
salgar (vt)	աղ անել	[aġ anél]

pimenta (f) preta	սև պղպեղ	[sev pġpéġ]
pimenta (f) vermelha	կարմիր պղպեղ	[karmír pġpéġ]
mostarda (f)	մանանեխ	[mananéχ]
raiz-forte (f)	ծովաբողկ	[tsovabóġk]

condimento (m)	համեմունք	[hamemúnkʰ]
especiaria (f)	համեմունք	[hamemúnkʰ]
molho (m)	սոուս	[soús]
vinagre (m)	քացախ	[kʰatsʰáχ]

anis (m)	անիսոն	[anisón]
manjericão (m)	ռեհան	[rehán]
cravo (m)	մեխակ	[meχák]
gengibre (m)	իմբիր	[imbír]
coentro (m)	գինձ	[gindz]
canela (f)	դարչին	[darčín]

sésamo (m)	քնջութ	[kʰndʒutʰ]
folhas (f pl) de louro	դափնու տերև	[dapʰnú terév]
páprica (f)	պապրիկա	[páprika]
cominho (m)	չաման	[čamán]
açafrão (m)	շաֆրան	[šafrán]

INFORMAÇÃO PESSOAL. FAMÍLIA

58. Informação pessoal. Formulários

nome (m)	անուն	[anún]
apelido (m)	ազգանուն	[azganún]
data (f) de nascimento	ծննդյան ամսաթիվ	[tsnndján amsatʰív]
local (m) de nascimento	ծննդավայր	[tsnndavájr]
nacionalidade (f)	ազգություն	[azgutʰjún]
lugar (m) de residência	բնակության վայրը	[bnakutʰján vájrə]
país (m)	երկիր	[erkír]
profissão (f)	մասնագիտություն	[masnagitʰjún]
sexo (m)	սեռ	[ser]
estatura (f)	հասակ	[hasák]
peso (m)	քաշ	[kʰaš]

59. Membros da família. Parentes

mãe (f)	մայր	[majr]
pai (m)	հայր	[hajr]
filho (m)	որդի	[vordí]
filha (f)	դուստր	[dustr]
filha (f) mais nova	կրտսեր դուստր	[krtsér dústr]
filho (m) mais novo	կրտսեր որդի	[krtsér vordí]
filha (f) mais velha	ավագ դուստր	[avág dústr]
filho (m) mais velho	ավագ որդի	[avág vordí]
irmão (m)	եղբայր	[eġbájr]
irmã (f)	քույր	[kʰujr]
mamã (f)	մայրիկ	[majrík]
papá (m)	հայրիկ	[hajrík]
pais (pl)	ծնողներ	[tsnoġnér]
criança (f)	երեխա	[ereχá]
crianças (f pl)	երեխաներ	[ereχanér]
avó (f)	տատիկ	[tatík]
avô (m)	պապիկ	[papík]
neto (m)	թոռ	[tʰor]
neta (f)	թոռնուհի	[tʰornuhí]
netos (pl)	թոռներ	[tʰornér]
sobrinho (m)	քրոջորդի, քրոջ աղջիկ	[kʰrodʒordí], [kʰrodʒ aġdʒík]
sobrinha (f)	եղբորորդի, եղբոր աղջիկ	[eġborordí, eġbór aġdʒík]
sogra (f)	զոքանչ	[zokʰánč]

sogro (m)	սկեսրայր	[skesrájr]
genro (m)	փեսա	[pʰesá]
madrasta (f)	խորթ մայր	[xortʰ majr]
padrasto (m)	խորթ հայր	[xortʰ hajr]

criança (f) de colo	ծծկեր երեխա	[tstskér ereχá]
bebé (m)	մանուկ	[manúk]
menino (m)	պստիկ	[pstik]

mulher (f)	կին	[kin]
marido (m)	ամուսին	[amusín]
esposo (m)	ամուսին	[amusín]
esposa (f)	կին	[kin]

casado	ամուսնացած	[amusnatsʰáts]
casada	ամուսնացած	[amusnatsʰáts]
solteiro	ամուրի	[amurí]
solteirão (m)	ամուրի	[amurí]
divorciado	ամուսնալուծված	[amusnalutsváts]
viúva (f)	այրի կին	[ajrí kin]
viúvo (m)	այրի տղամարդ	[ajrí tgamárd]

parente (m)	ազգական	[azgakán]
parente (m) próximo	մերձավոր ազգական	[merdzavór azgakán]
parente (m) distante	հեռավոր ազգական	[heravór azgakán]
parentes (m pl)	հարազատներ	[harazatnér]

órfão (m), órfã (f)	որբ	[vorb]
tutor (m)	խնամակալ	[χnamakál]
adotar (um filho)	որդեգրել	[vordegrél]
adotar (uma filha)	որդեգրել	[vordegrél]

60. Amigos. Colegas de trabalho

amigo (m)	ընկեր	[ənkér]
amiga (f)	ընկերուհի	[ənkeruhí]
amizade (f)	ընկերություն	[ənkerutʰjún]
ser amigos	ընկերություն անել	[ənkerutʰjún anél]

amigo (m)	բարեկամ	[barekám]
amiga (f)	բարեկամուհի	[barekamuhí]
parceiro (m)	գործընկեր	[gortsənkér]
chefe (m)	շեֆ	[šef]
superior (m)	պետ	[pet]
subordinado (m)	ենթակա	[entʰaká]
colega (m)	գործընկեր	[gortsənkér]

conhecido (m)	ծանոթ	[tsanótʰ]
companheiro (m) de viagem	ուղեկից	[uġekítsʰ]
colega (m) de classe	համադասարանցի	[hamadasarantsʰí]

vizinho (m)	հարևան	[hareván]
vizinha (f)	հարևանուհի	[harevanuhí]
vizinhos (pl)	հարևաններ	[harevannér]

CORPO HUMANO. MEDICINA

61. Cabeça

cabeça (f)	գլուխ	[glux]
cara (f)	երես	[erés]
nariz (m)	քիթ	[kʰitʰ]
boca (f)	բերան	[berán]
olho (m)	աչք	[ačkʰ]
olhos (m pl)	աչքեր	[ačkʰér]
pupila (f)	բիբ	[bib]
sobrancelha (f)	ունք	[unkʰ]
pestana (f)	թարթիչ	[tʰartʰíč]
pálpebra (f)	կոպ	[kap]
língua (f)	լեզու	[lezú]
dente (m)	ատամ	[atám]
lábios (m pl)	շրթունքներ	[šrtʰunkʰnér]
maçãs (f pl) do rosto	այտոսկրեր	[ajtoskrér]
gengiva (f)	լինդ	[lind]
palato (m)	քիմք	[kimkʰ]
narinas (f pl)	քթածակեր	[kʰtʰatsakér]
queixo (m)	կզակ	[kzak]
mandíbula (f)	ծնոտ	[tsnot]
bochecha (f)	այտ	[ajt]
testa (f)	ճակատ	[čakát]
têmpora (f)	քներակ	[kʰnerák]
orelha (f)	ականջ	[akándʒ]
nuca (f)	ծոծրակ	[tsotsrák]
pescoço (m)	պարանոց	[paranótsʰ]
garganta (f)	կոկորդ	[kokórd]
cabelos (m pl)	մազեր	[mazér]
penteado (m)	սանրվածք	[sanrvátskʰ]
corte (m) de cabelo	սանրվածք	[sanrvátskʰ]
peruca (f)	կեղծամ	[keġtsám]
bigode (m)	բեղեր	[beġér]
barba (f)	մորուք	[morúkʰ]
usar, ter (~ barba, etc.)	կրել	[krel]
trança (f)	հյուս	[hjus]
suíças (f pl)	այտամորուք	[ajtamorúkʰ]
ruivo	շիկահեր	[šikahér]
grisalho	ալեհեր	[alehér]
calvo	ճաղատ	[čaġát]
calva (f)	ճաղատ	[čaġát]

rabo-de-cavalo (m)   պոչ   [poč]
franja (f)   մազափունջ   [mazapʰúndʒ]

62. Corpo humano

mão (f)	դաստակ	[dasták]
braço (m)	թև	[tʰev]
dedo (m)	մատ	[mat]
polegar (m)	բութ մատ	[butʰ mát]
dedo (m) mindinho	ճկույթ	[čkujtʰ]
unha (f)	եղունգ	[eġúng]
punho (m)	բռունցք	[brunt͡sʰkʰ]
palma (f) da mão	ափ	[apʰ]
pulso (m)	դաստակ	[dasták]
antebraço (m)	նախաբազուկ	[naχabazúk]
cotovelo (m)	արմունկ	[armúnk]
ombro (m)	ուս	[us]
perna (f)	ոտք	[votkʰ]
pé (m)	ոտնաթաթ	[votnatʰátʰ]
joelho (m)	ծունկ	[tsunk]
barriga (f) da perna	սրունք	[srunkʰ]
anca (f)	ազդր	[azdr]
calcanhar (m)	կրունկ	[krunk]
corpo (m)	մարմին	[marmín]
barriga (f)	փոր	[pʰor]
peito (m)	կրծքավանդակ	[krt͡skʰavandák]
seio (m)	կուրծք	[kurt͡skʰ]
lado (m)	կող	[koġ]
costas (f pl)	մեջք	[medʒkʰ]
região (f) lombar	գոտկատեղ	[gotkatéġ]
cintura (f)	գոտկատեղ	[gotkatéġ]
umbigo (m)	պորտ	[port]
nádegas (f pl)	նստատեղ	[nstatéġ]
traseiro (m)	հետույք	[hetújkʰ]
sinal (m)	խալ	[χal]
tatuagem (f)	դաջվածք	[dadʒvát͡skʰ]
cicatriz (f)	սպի	[spi]

63. Doenças

doença (f)	հիվանդություն	[hivandutʰjún]
estar doente	հիվանդ լինել	[hivánd linél]
saúde (f)	առողջություն	[aroġdʒutʰjún]
nariz (m) a escorrer	հարբուխ	[harbúχ]
amigdalite (f)	անգինա	[angína]

| constipação (f) | մրսածություն | [mrsatsutʰjún] |
| constipar-se (vr) | մրսել | [mrsel] |

bronquite (f)	բրոնխիտ	[bronχít]
pneumonia (f)	թոքերի բորբոքում	[tʰokʰerí borbokʰúm]
gripe (f)	գրիպ	[grip]

míope	կարճատես	[karčatés]
presbita	հեռատես	[herahós]
estrabismo (m)	շլություն	[šlutʰjún]
estrábico	շլաչք	[šlačkʰ]
catarata (f)	կատարակտա	[katarákta]
glaucoma (m)	գլաուկոմա	[glaukóma]

AVC (m), apoplexia (f)	ուղեղի կաթված	[uġeġí katʰváts]
ataque (m) cardíaco	ինֆարկտ	[infárkt]
enfarte (m) do miocárdio	սրտամկանի կաթված	[srtamkaní katʰváts]
paralisia (f)	կաթված	[katʰváts]
paralisar (vt)	կաթվածել	[katʰvatsél]

alergia (f)	ալերգիա	[alergía]
asma (f)	աստմա	[astʰmá]
diabetes (f)	շաքարախտ	[šakʰaráχt]

| dor (f) de dentes | ատամնացավ | [atamnatsʰáv] |
| cárie (f) | կարիես | [karíes] |

diarreia (f)	լույծ	[lujts]
prisão (f) de ventre	փորկապություն	[pʰorkaputʰjún]
desarranjo (m) intestinal	ստամոքսի խանգարում	[stamokʰsí χangarúm]
intoxicação (f) alimentar	թունավորում	[tʰunavorúm]
intoxicar-se	թունավորվել	[tʰunavorvél]

artrite (f)	հոդի բորբոքում	[hodí borbokʰúm]
raquitismo (m)	ռախիտ	[raχít]
reumatismo (m)	հոդացավ	[hodatsʰáv]
arteriosclerose (f)	աթերոսկլերոզ	[atʰerosklerόz]

gastrite (f)	գաստրիտ	[gastrít]
apendicite (f)	ապենդիցիտ	[apenditsʰít]
colecistite (f)	խոլեցիստիտ	[χoletsʰistít]
úlcera (f)	խոց	[χotsʰ]

sarampo (m)	կարմրուկ	[karmrúk]
rubéola (f)	կարմրախտ	[karmráχt]
ictericia (f)	դեղնախ	[deġnáχ]
hepatite (f)	հեպատիտ	[hepatít]

esquizofrenia (f)	շիզոֆրենիա	[šizofrenía]
raiva (f)	կատաղություն	[kataġutʰjún]
neurose (f)	նեվրոզ	[nevróz]
comoção (f) cerebral	ուղեղի ցնցում	[uġeġí tsʰntsʰúm]

cancro (m)	քաղցկեղ	[kʰaġtskég]
esclerose (f)	կարծրախտ	[kartsráχt]
esclerose (f) múltipla	ցրված կարծրախտ	[tsʰrváts kartsráχt]

Português	Arménio	Pronúncia
alcoolismo (m)	հարբեցողություն	[harbetsʰoġutʰjún]
alcoólico (m)	հարբեցող	[harbetsʰóġ]
sífilis (f)	սիֆիլիս	[sifilís]
SIDA (f)	ՁԻԱՀ	[dziáh]

tumor (m)	ուռուցք	[urútsʰkʰ]
maligno	չարորակ	[čarorák]
benigno	բարորակ	[barorák]

febre (f)	տենդ	[tend]
malária (f)	մալարիա	[malaría]
gangrena (f)	փտախտ	[pʰtaχt]
enjoo (m)	ծովային հիվանդություն	[tsovajín hivandutʰjún]
epilepsia (f)	ընկնավորություն	[ənknavorutʰjún]

epidemia (f)	համաճարակ	[hamačarák]
tifo (m)	տիֆ	[tif]
tuberculose (f)	պալարախտ	[palaráχt]
cólera (f)	խոլերա	[χoléra]
peste (f)	ժանտախտ	[ʒantáχt]

64. Sintomas. Tratamentos. Parte 1

sintoma (m)	նախանշան	[naχanšán]
temperatura (f)	ջերմաստիճան	[dʒermastičán]
febre (f)	բարձր ջերմաստիճան	[bárdzr dʒermastičán]
pulso (m)	զարկերակ	[zarkerák]

vertigem (f)	գլխապտույտ	[glχaptújt]
quente (testa, etc.)	տաք	[takʰ]
calafrio (m)	դողէրոցք	[doġērótsʰkʰ]
pálido	գունատ	[gunát]

tosse (f)	հազ	[haz]
tossir (vi)	հազալ	[hazál]
espirrar (vi)	փռշտալ	[pʰrštal]
desmaio (m)	ուշագնացություն	[ušagnatsʰutʰjún]
desmaiar (vi)	ուշագնաց լինել	[ušagnátsʰ linél]

nódoa (f) negra	կապտուկ	[kaptúk]
galo (m)	ուռուցք	[urútsʰkʰ]
magoar-se (vr)	խփվել	[χpʰvel]
pisadura (f)	վնասվածք	[vnasvátskʰ]
aleijar-se (vr)	վնասվածք ստանալ	[vnasvátskʰ stanál]

coxear (vi)	կաղալ	[kaġál]
deslocação (f)	հոդախախտում	[hodaχaχtúm]
deslocar (vt)	հոդախախտել	[hodaχaχtél]
fratura (f)	կոտրվածք	[kotrvátskʰ]
fraturar (vt)	կոտրվածք ստանալ	[kotrvátskʰ stanál]

corte (m)	կտրված վերք	[ktrvats verkʰ]
cortar-se (vr)	կտրել	[ktrel]
hemorragia (f)	արյունահոսություն	[arjunahosutʰjún]

| queimadura (f) | այրվածք | [ajrvátskʰ] |
| queimar-se (vr) | այրվել | [ajrvél] |

picar (vt)	ծակել	[tsakél]
picar-se (vr)	ծակել	[tsakél]
lesionar (vt)	վնասել	[vnasél]
lesão (m)	վնասվածք	[vnasvátskʰ]
ferida (f), ferimento (m)	վերք	[verkʰ]
trauma (m)	վնասվածք	[vnasvátskʰ]

delirar (vi)	զառանցել	[zarantsʰél]
gaguejar (vi)	կակազել	[kakazél]
insolação (f)	արևահարություն	[arevaharutʰjún]

65. Sintomas. Tratamentos. Parte 2

| dor (f) | ցավ | [tsʰav] |
| farpa (no dedo) | փուշ | [pʰuš] |

suor (m)	քրտինք	[krtinkʰ]
suar (vi)	քրտնել	[kʰrtnel]
vómito (m)	փսխում	[pʰsxum]
convulsões (f pl)	ջղաձգություն	[dʒġadzgutʰjún]

grávida	հղի	[hġi]
nascer (vi)	ծնվել	[tsnvel]
parto (m)	ծննդաբերություն	[tsnndaberutʰjún]
dar à luz	ծննդաբերել	[tsnndaberél]
aborto (m)	աբորտ	[abórt]

respiração (f)	շնչառություն	[šnčarutʰjún]
inspiração (f)	ներշնչում	[neršnčúm]
expiração (f)	արտաշնչում	[artašnčúm]
expirar (vi)	արտաշնչել	[artašnčél]
inspirar (vi)	շնչել	[šnčel]

inválido (m)	հաշմանդամ	[hašmandám]
aleijado (m)	խեղանդամ	[xeġandám]
toxicodependente (m)	թմրամոլ	[tʰmramól]

surdo	խուլ	[xul]
mudo	համր	[hamr]
surdo-mudo	խուլ ու համր	[xúl u hámr]

| louco (adj.) | խենթ | [xentʰ] |
| ficar louco | խենթանալ | [xentʰanál] |

gene (m)	գեն	[gen]
imunidade (f)	իմունիտետ	[imunitét]
hereditário	ժառանգական	[ʒarangakán]
congénito	բնածին	[bnatsín]

| vírus (m) | վարակ | [varák] |
| micróbio (m) | մանրէ | [manré] |

bactéria (f)   բակտերիա   [baktéria]
infeção (f)   վարակ   [varák]

66. Sintomas. Tratamentos. Parte 3

hospital (m)	հիվանդանոց	[hivandanótsʰ]
paciente (m)	հիվանդ	[hivánd]
diagnóstico (m)	ախտորոշում	[aġtorošúm]
cura (f)	կազդուրում	[kazdurúm]
tratamento (m) médico	բուժում	[buʒúm]
curar-se (vr)	բուժվել	[buʒvél]
tratar (vt)	բուժել	[buʒél]
cuidar (pessoa)	խնամել	[χnamél]
cuidados (m pl)	խնամք	[χnamkʰ]
operação (f)	վիրահատություն	[virahatutʰjún]
enfaixar (vt)	վիրակապել	[virakapél]
enfaixamento (m)	վիրակապում	[virakapúm]
vacinação (f)	պատվաստում	[patvastúm]
vacinar (vt)	պատվաստում անել	[patvastúm anél]
injeção (f)	ներարկում	[nerarkúm]
dar uma injeção	ներարկել	[nerarkél]
ataque (~ de asma, etc.)	նոպա	[nópa]
amputação (f)	անդամահատություն	[andamahatutʰjún]
amputar (vt)	անդամահատել	[andamahatél]
coma (f)	կոմա	[kóma]
estar em coma	կոմայի մեջ գտնվել	[komají médʒ ənknél]
reanimação (f)	վերակենդանացում	[verakendanatsʰúm]
recuperar-se (vr)	ապաքինվել	[apakʰinvél]
estado (~ de saúde)	վիճակ	[vičák]
consciência (f)	գիտակցություն	[gitaktsʰutʰjún]
memória (f)	հիշողություն	[hišoġutʰjún]
tirar (vt)	հեռացնել	[heratsʰnél]
chumbo (m), obturação (f)	պլոմբ	[plomb]
chumbar, obturar (vt)	ատամը լցնել	[atámə ltsʰnél]
hipnose (f)	հիպնոս	[hipnós]
hipnotizar (vt)	հիպնոսացնել	[hipnosatsʰnél]

67. Medicina. Drogas. Acessórios

medicamento (m)	դեղ	[deġ]
remédio (m)	դեղամիջոց	[deġamidʒótsʰ]
receitar (vt)	դուրս գրել	[durs grél]
receita (f)	դեղատոմս	[deġatóms]
comprimido (m)	հաբ	[hab]
pomada (f)	քսուք	[ksukʰ]

ampola (f)	ամպուլ	[ampúl]
preparado (m)	հեղուկ դեղախառնուրդ	[heǵúk deχaǵarnúrd]
xarope (m)	օշարակ	[ošarák]
cápsula (f)	հաբ	[hab]
remédio (m) em pó	փոշի	[pʰoší]

ligadura (f)	վիրակապ ժապավեն	[virakáp ʒapavén]
algodão (m)	բամբակ	[bambák]
iodo (m)	յոդ	[jod]

penso (m) rápido	սպեղանի	[speǵaní]
conta-gotas (m)	պիպետկա	[pipétka]
termómetro (m)	ջերմաչափ	[dʒermačápʰ]
seringa (f)	ներարկիչ	[nerarkíč]

cadeira (f) de rodas	սայլակ	[sajlák]
muletas (f pl)	հենակներ	[henaknér]

analgésico (m)	ցավազրկող	[tsʰavazrkóǵ]
laxante (m)	լուծողական	[lutsoǵakán]
álcool (m) etílico	սպիրտ	[spirt]
ervas (f pl) medicinais	խոտաբույս	[χotabújs]
de ervas (chá ~)	խոտաբուսային	[χotabusajín]

APARTAMENTO

68. Apartamento

apartamento (m)	բնակարան	[bnakarán]
quarto (m)	սենյակ	[senják]
quarto (m) de dormir	ննջարան	[nndʒarán]
sala (f) de jantar	ճաշասենյակ	[čašasenják]
sala (f) de estar	հյուրասենյակ	[hjurasenják]
escritório (m)	աշխատասենյակ	[ašxatasenják]
antessala (f)	նախասենյակ	[naxasenják]
quarto (m) de banho	լոգարան	[logarán]
toilette (lavabo)	զուգարան	[zugarán]
teto (m)	առաստաղ	[arastáġ]
chão, soalho (m)	հատակ	[haták]
canto (m)	անկյուն	[ankjún]

69. Mobiliário. Interior

mobiliário (m)	կահույք	[kahújkʰ]
mesa (f)	սեղան	[seġán]
cadeira (f)	աթոռ	[atʰór]
cama (f)	մահճակալ	[mahčakál]
divã (m)	բազմոց	[bazmótsʰ]
cadeirão (m)	բազկաթոռ	[bazkatʰór]
estante (f)	գրապահարան	[grapaharán]
prateleira (f)	դարակ	[darák]
guarda-vestidos (m)	պահարան	[paharán]
cabide (m) de parede	կախարան	[kaxarán]
cabide (m) de pé	կախոց	[kaxótsʰ]
cómoda (f)	կոմոդ	[komód]
mesinha (f) de centro	սեղանիկ	[seġaník]
espelho (m)	հայելի	[hajelí]
tapete (m)	գորգ	[gorg]
tapete (m) pequeno	փոքր գորգ	[pʰokʰr gorg]
lareira (f)	բուխարի	[buxarí]
vela (f)	մոմ	[mom]
castiçal (m)	մոմակալ	[momakál]
cortinas (f pl)	վարագույր	[varagújr]
papel (m) de parede	պաստառ	[pastár]

estores (f pl)	շերտավարագույր	[šertavaragújr]
candeeiro (m) de mesa	սեղանի լամպ	[seġaní lámp]
candeeiro (m) de parede	ջահ	[dʒah]
candeeiro (m) de pé	ձողաջահ	[dzoġadʒáh]
lustre (m)	ջահ	[dʒah]
pé (de mesa, etc.)	տոտիկ	[totík]
braço (m)	արմնկակալ	[armnkakál]
costas (f pl)	թիկնակ	[tʰiknák]
gaveta (f)	դարակ	[darák]

70. Quarto de dormir

roupa (f) de cama	սպիտակեղեն	[spitakeġén]
almofada (f)	բարձ	[bardz]
fronha (f)	բարձի երես	[bardzí erés]
cobertor (m)	վերմակ	[vermák]
lençol (m)	սավան	[saván]
colcha (f)	ծածկոց	[tsatskótsʰ]

71. Cozinha

cozinha (f)	խոհանոց	[χohanótsʰ]
gás (m)	գազ	[gaz]
fogão (m) a gás	գազօջախ	[gazodʒáχ]
fogão (m) elétrico	էլեկտրական սալօջախ	[ēlektrakán salodʒáχ]
forno (m)	ջեռոց	[dʒerótsʰ]
forno (m) de micro-ondas	միկրոալիքային վառարան	[mikroalikʰajín vararán]
frigorífico (m)	սառնարան	[sarnarán]
congelador (m)	սառնախցիկ	[sarnaχtsʰík]
máquina (f) de lavar louça	ամանլվացող մեքենա	[amán lvatsʰóġ mekʰená]
moedor (m) de carne	մսաղաց	[msaġátsʰ]
espremedor (m)	հյութաքամիչ	[hjutʰakʰamíč]
torradeira (f)	տոստեր	[tostér]
batedeira (f)	հարիչ	[haríč]
máquina (f) de café	սրճեփ	[srčepʰ]
cafeteira (f)	սրճաման	[srčamán]
moinho (m) de café	սրճաղաց	[srčaġátsʰ]
chaleira (f)	թեյնիկ	[tʰejník]
bule (m)	թեյաման	[tʰejamán]
tampa (f)	կափարիչ	[kapʰaríč]
coador (m) de chá	թեյքամիչ	[tʰejkʰamíč]
colher (f)	գդալ	[gdal]
colher (f) de chá	թեյի գդալ	[tʰeji gdal]
colher (f) de sopa	ճաշի գդալ	[čaši gdal]
garfo (m)	պատառաքաղ	[patarakʰáġ]
faca (f)	դանակ	[danák]

louça (f)	սպասք	[spaskʰ]
prato (m)	ափսե	[apʰsé]
pires (m)	պնակ	[pnak]
cálice (m)	ըմպանակ	[əmpanák]
copo (m)	բաժակ	[baʒák]
chávena (f)	բաժակ	[baʒák]
açucareiro (m)	շաքարաման	[šakʰaramán]
saleiro (m)	աղաման	[aġamán]
pimenteiro (m)	պղպեղաման	[pġpeġamán]
manteigueira (f)	կարագի աման	[karagí amán]
panela, caçarola (f)	կաթսա	[katʰsá]
frigideira (f)	թավա	[tʰavá]
concha (f)	շերեփ	[šerépʰ]
passador (m)	քամիչ	[kʰamíč]
bandeja (f)	սկուտեղ	[skutéġ]
garrafa (f)	շիշ	[šiš]
boião (m) de vidro	բանկա	[banká]
lata (f)	տարա	[tará]
abre-garrafas (m)	բացիչ	[batsʰíč]
abre-latas (m)	բացիչ	[batsʰíč]
saca-rolhas (m)	խցանահան	[xtsʰanahán]
filtro (m)	զտիչ	[ztič]
filtrar (vt)	զտել	[ztel]
lixo (m)	աղբ	[aġb]
balde (m) do lixo	աղբի դույլ	[aġbi dújl]

72. Casa de banho

quarto (m) de banho	լոգարան	[logarán]
água (f)	ջուր	[dʒur]
torneira (f)	ծորակ	[tsorák]
água (f) quente	տաք ջուր	[takʰ dʒur]
água (f) fria	սառը ջուր	[sárə dʒur]
pasta (f) de dentes	ատամի մածուկ	[atamí matsúk]
escovar os dentes	ատամները մաքրել	[atamnérə makʰrél]
barbear-se (vr)	սափրվել	[sapʰrvél]
espuma (f) de barbear	սափրվելու փրփուր	[sapʰrvelú prpur]
máquina (f) de barbear	ածելի	[atselí]
lavar (vt)	լվանալ	[lvanál]
lavar-se (vr)	լվացվել	[lvatsʰvél]
duche (m)	ցնցուղ	[tsʰntsʰuġ]
tomar um duche	դուշ ընդունել	[dúš əndunél]
banheira (f)	լողարան	[loġarán]
sanita (f)	զուգարանակոնք	[zugaranakónkʰ]

lavatório (m) լվացարան [lvatsʰarán]
sabonete (m) օճառ [očár]
saboneteira (f) օճառաման [očaramán]

esponja (f) սպունգ [spung]
champô (m) շամպուն [šampún]
toalha (f) սրբիչ [srbič]
roupão (m) de banho խալաթ [χalátʰ]

lavagem (f) լվացք [lvatsʰkʰ]
máquina (f) de lavar լվացքի մեքենա [lvatsʰkʰí mekená]
lavar a roupa սպիտակեղեն լվալ [spitakeģén lvál]
detergente (m) լվացքի փոշի [lvatsʰkʰí pʰoší]

73. Eletrodomésticos

televisor (m) հեռուստացույց [herustatsʰújtsʰ]
gravador (m) մագնիտոֆոն [magnitofón]
videogravador (m) տեսամագնիտոֆոն [tesamagnitofón]
rádio (m) ըներունիչ [ənduníč]
leitor (m) նվագարկիչ [nvagarkíč]

projetor (m) տեսապրոյեկտոր [tesaproektór]
cinema (m) em casa տնային կինոթատրոն [tʰnajín kinotʰatrón]
leitor (m) de DVD DVD նվագարկիչ [dividí nvagarkíč]
amplificador (m) ուժեղացուցիչ [uʒeģatsʰutsʰíč]
console (f) de jogos խաղային համակարգիչ [χaģajín hamakargíč]

câmara (f) de vídeo տեսախցիկ [tesaχtsʰík]
máquina (f) fotográfica լուսանկարչական ապարատ [lusankarčakán aparát]
câmara (f) digital թվային լուսանկարչական ապարատ [tʰvajín lusankarčakán aparát]

aspirador (m) փոշեկուլ [pʰošekúl]
ferro (m) de engomar արդուկ [ardúk]
tábua (f) de engomar արդուկի տախտակ [arduki taχták]

telefone (m) հեռախոս [heraχós]
telemóvel (m) բջջային հեռախոս [bdʒdʒajín heraχós]
máquina (f) de escrever տպող մեքենա [tpóġ mekʰená]
máquina (f) de costura կարի մեքենա [kʰarí mekʰená]

microfone (m) միկրոֆոն [mikrofón]
auscultadores (m pl) ականջակալներ [akandʒakalnér]
controlo remoto (m) հեռակառավարման վահանակ [herakaravarmán vahanák]

CD (m) խտասկավառակ [χtaskavarák]
cassete (f) ձայներիզ [dzajneríz]
disco (m) de vinil սկավառակ [skavarák]

A TERRA. TEMPO

74. Espaço sideral

cosmos (m)	տիեզերք	[tiezérkʰ]
cósmico	տիեզերական	[tiezerakán]
espaço (m) cósmico	տիեզերական տարածություն	[tiezerakán taratsutʰjún]

mundo (m)	աշխարհ	[ašχárh]
universo (m)	տիեզերք	[tiezérkʰ]
galáxia (f)	գալակտիկա	[galáktika]

estrela (f)	աստղ	[astġ]
constelação (f)	համաստեղություն	[hamasteġutʰjún]
planeta (m)	մոլորակ	[molorák]
satélite (m)	արբանյակ	[arbanják]

meteorito (m)	երկնաքար	[erknakʰár]
cometa (m)	գիսաստղ	[gisástġ]
asteroide (m)	աստղակերպ	[astġakérp]

órbita (f)	ուղեծիր	[uġetsír]
girar (vi)	պտտվել	[ptətvél]
atmosfera (f)	մթնոլորտ	[mtʰnolórt]

Sol (m)	արեգակ	[aregák]
Sistema (m) Solar	արեգակնային համակարգ	[aregaknajín hamakárg]
eclipse (m) solar	արևի խավարում	[areví χavarúm]

Terra (f)	Երկիր	[erkír]
Lua (f)	Լուսին	[lusín]

Marte (m)	Մարս	[mars]
Vénus (f)	Վեներա	[venéra]
Júpiter (m)	Յուպիտեր	[jupíter]
Saturno (m)	Սատուրն	[satúrn]

Mercúrio (m)	Մերկուրի	[merkúri]
Urano (m)	Ուրան	[urán]
Neptuno (m)	Նեպտուն	[neptún]
Plutão (m)	Պլուտոն	[plutón]

Via Láctea (f)	Կաթնածիր	[katʰnatsír]
Ursa Maior (f)	Մեծ Արջ	[mets ardʒ]
Estrela Polar (f)	Բևեռային Աստղ	[beverajín ástġ]

marciano (m)	Մարսի բնակիչ	[marsí bnakíč]
extraterrestre (m)	այլմոլորակային	[ajlmolorakajín]
alienígena (m)	եկվոր	[ekvór]

disco (m) voador	թռչող ափսե	[tʰrčóġ apʰsé]
nave (f) espacial	տիեզերանավ	[tiezeragnáts]
estação (f) orbital	ուղեծրային կայան	[uġetsrajín kaján]
lançamento (m)	մեկնարկիչը	[meknatʰríčkʰ]

motor (m)	շարժիչ	[šarʒíč]
bocal (m)	փողելը	[pʰoġélkʰ]
combustível (m)	վառելիք	[varelíkʰ]

cabine (f)	խցիկ	[xtsʰik]
antena (f)	ալեհավաք	[alehavákʰ]

vigia (f)	իլյումինատոր	[iljuminátor]
bateria (f) solar	արևային մարտկոց	[arevajín martkótsʰ]
traje (m) espacial	սկաֆանդր	[skafándr]

imponderabilidade (f)	անկշռություն	[ankšrutʰjún]
oxigénio (m)	թթվածին	[tʰtʰvatsín]

acoplagem (f)	միակցում	[miaktsʰúm]
fazer uma acoplagem	միակցում կատարել	[miaktsʰúm kataról]

observatório (m)	աստղադիտարան	[astġaditarán]
telescópio (m)	աստղադիտակ	[astġaditák]

observar (vt)	հետևել	[hetevél]
explorar (vt)	հետազոտել	[hetazotél]

75. A Terra

Terra (f)	Երկիր	[erkír]
globo terrestre (Terra)	երկրագունդ	[erkragúnd]
planeta (m)	մոլորակ	[molorák]

atmosfera (f)	մթնոլորտ	[mtʰnolórt]
geografia (f)	աշխարհագրություն	[ašxarhagrutʰjún]
natureza (f)	բնություն	[bnutʰjún]

globo (mapa esférico)	գլոբուս	[globús]
mapa (m)	քարտեզ	[kʰartéz]
atlas (m)	ատլաս	[atlás]

Europa (f)	Եվրոպա	[evrópa]
Ásia (f)	Ասիա	[ásia]

África (f)	Աֆրիկա	[áfrika]
Austrália (f)	Ավստրալիա	[avstrália]

América (f)	Ամերիկա	[amérika]
América (f) do Norte	Հյուսիսային Ամերիկա	[hjusisajín amérika]
América (f) do Sul	Հարավային Ամերիկա	[haravajín amérika]

Antártida (f)	Անտարկտիդա	[antarktída]
Ártico (m)	Արկտիկա	[árktika]

76. Pontos cardeais

norte (m)	հյուսիս	[hjusís]
para norte	դեպի հյուսիս	[depí hjusís]
no norte	հյուսիսում	[hjusisúm]
do norte	հյուսիսային	[hjusisajín]
sul (m)	հարավ	[haráv]
para sul	դեպի հարավ	[depí haráv]
no sul	հարավում	[haravúm]
do sul	հարավային	[haravajín]
oeste, ocidente (m)	արեւմուտք	[arevmútkʰ]
para oeste	դեպի արեւմուտք	[depí arevmútkʰ]
no oeste	արեւմուտքում	[arevmutkʰúm]
ocidental	արեւմտյան	[arevmtján]
leste, oriente (m)	արեւելք	[arevélkʰ]
para leste	դեպի արեւելք	[depí arevélkʰ]
no leste	արեւելքում	[arevelkʰúm]
oriental	արեւելյան	[areveljján]

77. Mar. Oceano

mar (m)	ծով	[tsov]
oceano (m)	ովկիանոս	[ovkianós]
golfo (m)	ծոց	[tsotsʰ]
estreito (m)	նեղուց	[neǵútsʰ]
terra (f) firme	ցամաք	[tsʰamákʰ]
continente (m)	մայրցամաք	[majrtsʰamákʰ]
ilha (f)	կղզի	[kġzi]
península (f)	թերակղզի	[tʰerakġzí]
arquipélago (m)	արշիպելագ	[aršipelág]
baía (f)	ծովախորշ	[tsovaxórš]
porto (m)	նավահանգիստ	[navahangíst]
lagoa (f)	ծովալճակ	[tsovalčák]
cabo (m)	հրվանդան	[hrvandán]
atol (m)	ատոլ	[atól]
recife (m)	խութ	[xutʰ]
coral (m)	մարջան	[mardʒán]
recife (m) de coral	մարջանախութ	[mardʒanaxútʰ]
profundo	խորը	[xórə]
profundidade (f)	խորություն	[xorutʰjún]
abismo (m)	անդունդ	[andúnd]
fossa (f) oceânica	ծովախորշ	[tsovaxórš]
corrente (f)	հոսանք	[hosánkʰ]
banhar (vt)	ողողել	[voġoġél]
litoral (m)	ափ	[apʰ]

costa (f)	ծովափ	[tsovápʰ]
maré (f) alta	մակընթացություն	[makəntʰatsʰutʰjún]
refluxo (m), maré (f) baixa	տեղատվություն	[teġatvutʰjún]
restinga (f)	արափնյա ծանծաղուտ	[arapʰnjá tsantsaġút]
fundo (m)	հատակ	[haták]

onda (f)	ալիք	[alíkʰ]
crista (f) da onda	ալիքի կատար	[alikʰí katár]
espuma (f)	փրփուր	[pʰrpʰur]

tempestade (f)	փոթորիկ	[pʰotʰorík]
furacão (m)	մրրիկ	[mrrik]
tsunami (m)	ցունամի	[tsʰunámi]
calmaria (f)	խաղաղություն	[xaġaġutʰjún]
calmo	հանգիստ	[hangíst]

polo (m)	բևեռ	[bevér]
polar	բևեռային	[beverajín]

latitude (f)	լայնություն	[lajnutʰjún]
longitude (f)	երկարություն	[erkarutʰjún]
paralela (f)	զուգահեռական	[zugaherakán]
equador (m)	հասարակած	[hasarakáts]

céu (m)	երկինք	[erkínkʰ]
horizonte (m)	հորիզոն	[horizón]
ar (m)	օդ	[od]

farol (m)	փարոս	[pʰarós]
mergulhar (vi)	սուզվել	[suzvél]
afundar-se (vr)	խորտակվել	[xortakvél]
tesouros (m pl)	գանձեր	[gandzér]

78. Nomes de Mares e Oceanos

Oceano (m) Atlântico	Ատլանտյան օվկիանոս	[atlantján ovkianós]
Oceano (m) Índico	Հնդկական օվկիանոս	[hndkakán ovkianós]
Oceano (m) Pacífico	Խաղաղ օվկիանոս	[xaġáġ ovkianós]
Oceano (m) Ártico	Հյուսիսային Սառուցյալ օվկիանոս	[hjusisajín sarutsʰjál ovkianós]

Mar (m) Negro	Սև ծով	[sev tsov]
Mar (m) Vermelho	Կարմիր ծով	[karmír tsóv]
Mar (m) Amarelo	Դեղին ծով	[deġín tsov]
Mar (m) Branco	Սպիտակ ծով	[spiták tsóv]

Mar (m) Cáspio	Կասպից ծով	[kaspítsʰ tsov]
Mar (m) Morto	Մեռյալ ծով	[merjál tsov]
Mar (m) Mediterrâneo	Միջերկրական ծով	[midʒerkrakán tsov]

Mar (m) Egeu	Էգեյան ծով	[ēgeján tsov]
Mar (m) Adriático	Ադրիատիկ ծով	[adriatík tsov]
Mar (m) Arábico	Արաբական ծով	[arabakán tsov]
Mar (m) do Japão	Ճապոնական ծով	[čaponakán tsov]

Mar (m) de Bering	Բերինգի ծով	[beringí tsóv]
Mar (m) da China Meridional	Արևելա-Չինական ծով	[arevelá činakán tsov]
Mar (m) de Coral	Կորալյան ծով	[koralján tsov]
Mar (m) de Tasman	Տասմանյան ծով	[tasmanján tsov]
Mar (m) do Caribe	Կարիբյան ծով	[karibján tsóv]
Mar (m) de Barents	Բարենցյան ծով	[barentsʰján tsóv]
Mar (m) de Kara	Կարսի ծով	[karsí tsóv]
Mar (m) do Norte	Հյուսիսային ծով	[hjusisajín tsóv]
Mar (m) Báltico	Բալթիկ ծով	[baltʰík tsov]
Mar (m) da Noruega	Նորվեգյան ծով	[norvegján tsóv]

79. Montanhas

montanha (f)	լեռ	[ler]
cordilheira (f)	լեռնաշղթա	[lernašgtʰá]
serra (f)	լեռնագագաթ	[lernagagátʰ]
cume (m)	գագաթ	[gagátʰ]
pico (m)	լեռնագագաթ	[lernagagátʰ]
sopé (m)	ստորոտ	[storót]
declive (m)	սարալանջ	[saralándʒ]
vulcão (m)	հրաբուխ	[hrabúχ]
vulcão (m) ativo	գործող հրաբուխ	[gortsóġ hrabúχ]
vulcão (m) extinto	հանգած հրաբուխ	[hangáts hrabúχ]
erupção (f)	ժայթքում	[ʒajtʰkʰúm]
cratera (f)	խառնարան	[χarnarán]
magma (m)	մագմա	[mágma]
lava (f)	լավա	[láva]
fundido (lava ~a)	շիկացած	[šikatsʰáts]
desfiladeiro (m)	խնձահովիտ	[χndzahovít]
garganta (f)	կիրճ	[kirč]
fenda (f)	նեղ կիրճ	[neġ kirč]
passo, colo (m)	լեռնանցք	[lernántsʰkʰ]
planalto (m)	սարահարթ	[sarahártʰ]
falésia (f)	ժայռ	[ʒajr]
colina (f)	բլուր	[blur]
glaciar (m)	սառցադաշտ	[sartsʰadášt]
queda (f) d'água	ջրվեժ	[dʒrveʒ]
géiser (m)	գեյզեր	[géjzer]
lago (m)	լիճ	[lič]
planície (f)	հարթավայր	[hartʰavájr]
paisagem (f)	բնատեսարան	[bnatesarán]
eco (m)	արձագանք	[ardzagánkʰ]
alpinista (m)	լեռնագնաց	[lernagnátsʰ]
escalador (m)	ժայռամագլցող	[ʒajramagltsʰóġ]

| conquistar (vt) | գերել | [gerél] |
| subida, escalada (f) | վերելք | [verélkʰ] |

80. Nomes de montanhas

Alpes (m pl)	Ալպեր	[alpér]
monte Branco (m)	Մոնբլան	[monblán]
Pirineus (m pl)	Պիրինեյներ	[pirinejnér]

Cárpatos (m pl)	Կարպատներ	[karpatnér]
montes (m pl) Urais	Ուրալյան լեռներ	[uralján lernér]
Cáucaso (m)	Կովկաս	[kovkás]
Elbrus (m)	Էլբրուս	[élbrús]

Altai (m)	Ալտայ	[altáj]
Tian Shan (m)	Տյան Շան	[tjan šan]
Pamir (m)	Պամիր	[pamír]
Himalaias (m pl)	Հիմալայներ	[himalajnér]
monte (m) Everest	Էվերեստ	[éverést]

| Cordilheira (f) dos Andes | Անդեր | [andér] |
| Kilimanjaro (m) | Կիլիմանջարո | [kilimaɳdʒáro] |

81. Rios

rio (m)	գետ	[get]
fonte, nascente (f)	աղբյուր	[aġbjúr]
leito (m) do rio	հուն	[hun]
bacia (f)	ջրավազան	[dʒravazán]
desaguar no ...	թափվել	[tʰapʰvél]

| afluente (m) | վտակ | [vtak] |
| margem (do rio) | ափ | [apʰ] |

corrente (f)	հոսանք	[hosánkʰ]
rio abaixo	հոսանքն ի վայր	[hosánkʰn í vájr]
rio acima	հոսանքն ի վեր	[hosánkʰn í vér]

inundação (f)	հեղեղում	[heġeġúm]
cheia (f)	վարարություն	[vararutʰjún]
transbordar (vi)	վարարել	[vararél]
inundar (vt)	հեղեղել	[heġeġél]

| banco (m) de areia | ծանծաղուտ | [tsantsaġút] |
| rápidos (m pl) | սահանք | [sahánkʰ] |

barragem (f)	ամբարտակ	[ambarták]
canal (m)	ջրանցք	[dʒránts\`kʰ]
reservatório (m) de água	ջրամբար	[dʒrambár]
eclusa (f)	ջրագելակ	[dʒragelák]
corpo (m) de água	ջրավազան	[dʒravazán]
pântano (m)	ճահիճ	[čahíč]

| tremedal (m) | ճահճուտ | [čahčút] |
| remoinho (m) | հորձանուտ | [hordzanút] |

arroio, regato (m)	առու	[arú]
potável	խմելու	[χmelú]
doce (água)	քաղցրահամ	[kʰaġtsʰrahám]

| gelo (m) | սառույց | [sarújtsʰ] |
| congelar-se (vr) | սառչել | [sarčél] |

82. Nomes de rios

| rio Sena (m) | Սենա | [séna] |
| rio Loire (m) | Լուարա | [luára] |

rio Tamisa (m)	Թեմզա	[tʰémza]
rio Reno (m)	Ռեյն	[rejn]
rio Danúbio (m)	Դունայ	[dunáj]

rio Volga (m)	Վոլգա	[vólga]
rio Don (m)	Դոն	[don]
rio Lena (m)	Լենա	[léna]

rio Amarelo (m)	Խուանխե	[χuanχé]
rio Yangtzé (m)	Յանցզի	[jantsʰzə]
rio Mekong (m)	Մեկոնգ	[mekóng]
rio Ganges (m)	Գանգես	[gangés]

rio Nilo (m)	Նեղոս	[neġós]
rio Congo (m)	Կոնգո	[kóngo]
rio Cubango (m)	Օկավանգո	[okavángo]
rio Zambeze (m)	Զամբեզի	[zambézi]
rio Limpopo (m)	Լիմպոպո	[limpopó]
rio Mississípi (m)	Միսիսիպի	[misisipí]

83. Floresta

| floresta (f), bosque (m) | անտառ | [antár] |
| florestal | անտառային | [antarajín] |

mata (f) cerrada	թավուտ	[tʰavút]
arvoredo (m)	պուրակ	[purák]
clareira (f)	բացատ	[batsʰát]

| matagal (m) | մացառուտ | [matsʰarút] |
| mato (m) | թփուտ | [tʰpʰut] |

| vereda (f) | կածան | [katsán] |
| ravina (f) | ձորակ | [dzorák] |

| árvore (f) | ծառ | [tsar] |
| folha (f) | տերև | [terév] |

folhagem (f)	տերևներ	[terevnér]
queda (f) das folhas	տերևաթափի	[terevatʰápʰ]
cair (vi)	թափվել	[tʰapʰvél]
topo (m)	կատար	[katár]

ramo (m)	ճյուղ	[čjuġ]
galho (m)	ոստ	[vost]
botão, rebento (m)	բողբոջ	[boġbódʒ]
agulha (f)	փուշ	[pʰuš]
pinha (f)	եղևնդ	[elúnd]

buraco (m) de árvore	փչակ	[pʰčak]
ninho (m)	բույն	[bujn]
toca (f)	որջ	[vordʒ]

tronco (m)	բուն	[bun]
raiz (f)	արմատ	[armát]
casca (f) de árvore	կեղև	[keġév]
musgo (m)	մամուռ	[mamúr]

arrancar pela raiz	արմատախիլ անել	[armataχíl anél]
cortar (vt)	հատել	[hatél]
desflorestar (vt)	անտառահատել	[antarahatél]
toco, cepo (m)	կոճղ	[kočġ]

fogueira (f)	խարույկ	[χarújk]
incêndio (m) florestal	հրդեհ	[hrdeh]
apagar (vt)	հանգցնել	[hangtsʰnél]

guarda-florestal (m)	անտառապահ	[antarapáh]
proteção (f)	պահպանություն	[pahpanutʰjún]
proteger (a natureza)	պահպանել	[pahpanél]
caçador (m) furtivo	որսագող	[vorsagóġ]
armadilha (f)	թակարդ	[tʰakárd]

| colher (cogumelos, bagas) | հավաքել | [havakʰél] |
| perder-se (vr) | մոլորվել | [molorvél] |

84. Recursos naturais

recursos (m pl) naturais	բնական ռեսուրսներ	[bnakán resursnér]
minerais (m pl)	օգտակար հանածոներ	[ogtakár hanatsonér]
depósitos (m pl)	հանքաշերտ	[hankʰašért]
jazida (f)	հանքավայր	[hankʰavájr]

extrair (vt)	արդյունահանել	[ardjunahanél]
extração (f)	արդյունահանում	[ardjunahanúm]
minério (m)	հանքաքար	[hankʰakʰár]
mina (f)	հանք	[hankʰ]
poço (m) de mina	հորան	[horán]
mineiro (m)	հանքափոր	[hankʰapʰór]

| gás (m) | գազ | [gaz] |
| gasoduto (m) | գազատար | [gazatár] |

petróleo (m)	նավթ	[navtʰ]
oleoduto (m)	նավթատար	[navtʰatár]
poço (m) de petróleo	նավթային աշտարակ	[navtʰajín aštarák]
torre (f) petrolífera	հորատման աշտարակ	[horatmán aštarák]
petroleiro (m)	լցանավ	[ltsʰanáv]

areia (f)	ավազ	[aváz]
calcário (m)	կրաքար	[krakʰár]
cascalho (m)	խիճ	[χič]
turfa (f)	տորֆ	[torf]
argila (f)	կավ	[kav]
carvão (m)	ածուխ	[atsúχ]

ferro (m)	երկաթ	[erkátʰ]
ouro (m)	ոսկի	[voskí]
prata (f)	արծաթ	[artsátʰ]
níquel (m)	նիկել	[nikél]
cobre (m)	պղինձ	[pġindz]

zinco (m)	ցինկ	[tsʰink]
manganês (m)	մանգան	[mangán]
mercúrio (m)	սնդիկ	[sndik]
chumbo (m)	արճիճ	[arčíč]

mineral (m)	հանքանյութ	[hankʰanjútʰ]
cristal (m)	բյուրեղ	[bjuréġ]
mármore (m)	մարմար	[marmár]
urânio (m)	ուրան	[urán]

85. Tempo

tempo (m)	եղանակ	[eġanák]
previsão (f) do tempo	եղանակի տեսություն	[eġanakí tesutʰjún]
temperatura (f)	ջերմաստիճան	[dʒermastičán]
termómetro (m)	ջերմաչափ	[dʒermačápʰ]
barómetro (m)	ծանրաչափ	[tsanračápʰ]

humidade (f)	խոնավություն	[χonavutʰjún]
calor (m)	տապ	[tap]
cálido	շոգ	[šog]
está muito calor	շոգ է	[šog ē]

está calor	տաք է	[takʰ ē]
quente	տաք	[takʰ]

está frio	ցուրտ է	[tsʰúrt ē]
frio	սառը	[sárə]

sol (m)	արև	[arév]
brilhar (vi)	շողալ	[šoġál]
de sol, ensolarado	արևային	[arevajín]
nascer (vi)	ծագել	[tsagél]
pôr-se (vr)	մայր մտնել	[majr mtnel]
nuvem (f)	ամպ	[amp]

nublado	ամպամած	[ampamáts]
nuvem (f) preta	թուխպ	[tʰuχp]
escuro, cinzento	ամպամած	[ampamáts]

chuva (f)	անձրև	[andzrév]
está a chover	անձրև է գալիս	[andzrév ē galís]
chuvoso	անձրևային	[andzrevajín]
chuviscar (vi)	մաղել	[maġél]

chuva (f) torrencial	տեղատարափի անձրև	[teġatarápʰ andzrév]
chuvada (f)	տեղատարափի անձրև	[teġatarápʰ andzrév]
forte (chuva)	տարափ	[tarápʰ]
poça (f)	ջրակույտ	[dʒrakújt]
molhar-se (vr)	թրջվել	[tʰrdʒvel]

nevoeiro (m)	մառախուղ	[maraχúġ]
de nevoeiro	մառախլապատ	[maraχlapát]
neve (f)	ձյուն	[dzjun]
está a nevar	ձյուն է գալիս	[dzjún ē galís]

86. Tempo extremo. Catástrofes naturais

trovoada (f)	փոթորիկ	[pʰotʰorík]
relâmpago (m)	կայծակ	[kajtsák]
relampejar (vi)	փայլատակել	[pʰajlatakél]

trovão (m)	որոտ	[vorót]
trovejar (vi)	որոտալ	[vorotál]
está a trovejar	ամպերը որոտում են	[ampérə vorotúm én]

granizo (m)	կարկուտ	[karkút]
está a cair granizo	կարկուտ է գալիս	[karkút ē galís]

inundar (vt)	հեղեղել	[heġeġél]
inundação (f)	հեղեղում	[heġeġúm]

terremoto (m)	երկրաշարժ	[erkrašárʒ]
abalo, tremor (m)	ցնցում	[tsʰntsʰum]
epicentro (m)	էպիկենտրոն	[ēpikentrón]

erupção (f)	ժայթքում	[ʒajtʰkʰúm]
lava (f)	լավա	[láva]

turbilhão (m)	մրրկասյուն	[mrrkasjún]
tornado (m)	տորնադո	[tornádo]
tufão (m)	տայֆուն	[tajfún]

furacão (m)	մրրիկ	[mrrik]
tempestade (f)	փոթորիկ	[pʰotʰorík]
tsunami (m)	ցունամի	[tsʰunámi]

ciclone (m)	ցիկլոն	[tsʰiklón]
mau tempo (m)	վատ եղանակ	[vat eġanák]
incêndio (m)	հրդեհ	[hrdeh]

catástrofe (f)	աղետ	[aġét]
meteorito (m)	երկնաքար	[erknakʰár]
avalanche (f)	հուսին	[husín]
deslizamento (m) de neve	ձնահյուս	[dznahjús]
nevasca (f)	բուք	[bukʰ]
tempestade (f) de neve	բորան	[borán]

FAUNA

87. Mamíferos. Predadores

predador (m)	գիշատիչ	[gišatíč]
tigre (m)	վագր	[vagr]
leão (m)	առյուծ	[arjúts]
lobo (m)	գայլ	[gajl]
raposa (f)	աղվես	[aġvés]
jaguar (m)	հովազ	[hováz]
leopardo (m)	ընձառյուծ	[əndzarjúts]
chita (f)	շնակատու	[šnakatú]
pantera (f)	հովազ	[hováz]
puma (m)	կուգուար	[kuguár]
leopardo-das-neves (m)	ձյունածերմակ հովազ	[dzjunačermák hováz]
lince (m)	լուսան	[lusán]
coiote (m)	կոյոտ	[kojót]
chacal (m)	շնագայլ	[šnagájl]
hiena (f)	բորենի	[borení]

88. Animais selvagens

animal (m)	կենդանի	[kendaní]
besta (f)	գազան	[gazán]
esquilo (m)	սկյուռ	[skjur]
ouriço (m)	ոզնի	[vozní]
lebre (f)	նապաստակ	[napasták]
coelho (m)	ճագար	[čagár]
texugo (m)	փորսուղ	[pʰorsúġ]
guaxinim (m)	ջրարջ	[dʒrardʒ]
hamster (m)	գերմանամուկ	[germanamúk]
marmota (f)	արջամուկ	[ardʒamúk]
toupeira (f)	խլուրդ	[χlurd]
rato (m)	մուկ	[muk]
ratazana (f)	առնետ	[arnét]
morcego (m)	չղջիկ	[čġdʒik]
arminho (m)	կզգում	[kngum]
zibelina (f)	սամույր	[samújr]
marta (f)	կզաքիս	[kzakʰís]
doninha (f)	աքիս	[akʰís]
vison (m)	ջրաքիս	[dʒrakʰís]

castor (m)	կուղբ	[kuġb]
lontra (f)	ջրասամույր	[dʒrasamújr]
cavalo (m)	ձի	[dzi]
alce (m)	որմզդեղն	[vormzdéġn]
veado (m)	եղջերու	[eġdʒerú]
camelo (m)	ուղտ	[uġt]
bisão (m)	բիզոն	[bizón]
auroque (m)	վայրի ցուլ	[vajrí tsʰul]
búfalo (m)	գոմեշ	[goméš]
zebra (f)	զեբր	[zebr]
antílope (m)	այծեղջերու	[ajtseġdʒerú]
corça (f)	այծյամ	[ajtsjám]
gamo (m)	եղնիկ	[eġník]
camurça (f)	քարայծ	[kʰarájts]
javali (m)	վարազ	[varáz]
baleia (f)	կետ	[ket]
foca (f)	փոկ	[pʰok]
morsa (f)	ծովափիղ	[tsovapʰíġ]
urso-marinho (m)	ծովարջ	[tsovárdʒ]
golfinho (m)	դելֆին	[delfín]
urso (m)	արջ	[ardʒ]
urso (m) branco	սպիտակ արջ	[spiták árdʒ]
panda (m)	պանդա	[pánda]
macaco (em geral)	կապիկ	[kapík]
chimpanzé (m)	շիմպանզե	[šimpanzé]
orangotango (m)	օրանգուտանգ	[orangutáng]
gorila (m)	գորիլլա	[gorílla]
macaco (m)	մակակա	[makáka]
gibão (m)	գիբբոն	[gibbón]
elefante (m)	փիղ	[pʰiġ]
rinoceronte (m)	ռնգեղջյուր	[rngeġdzjúr]
girafa (f)	ընձուղտ	[əndzúġt]
hipopótamo (m)	գետաձի	[getadzí]
canguru (m)	ագևազ	[agevázˑ]
coala (m)	կոալա	[koála]
mangusto (m)	մանգուստ	[mangúst]
chinchila (m)	շինշիլա	[šinšíla]
doninha-fedorenta (f)	սկունս	[skuns]
porco-espinho (m)	խոզուկ	[χozúk]

89. Animais domésticos

gata (f)	կատու	[katú]
gato (m) macho	կատու	[katú]
cão (m)	շուն	[šun]

cavalo (m)	ձի	[dzi]
garanhão (m)	հովատակ	[hovaták]
égua (f)	զամբիկ	[zambík]
vaca (f)	կով	[kov]
touro (m)	ցուլ	[tsʰul]
boi (m)	եզ	[ez]
ovelha (f)	ոչխար	[vočxár]
carneiro (m)	խոյ	[xoj]
cabra (f)	այծ	[ajts]
bode (m)	այծ	[ajts]
burro (m)	ավանակ	[avanák]
mula (f)	ջորի	[dʒorí]
porco (m)	խոզ	[xoz]
leitão (m)	գոճի	[gočí]
coelho (m)	ճագար	[čagár]
galinha (f)	հավ	[hav]
galo (m)	աքլոր	[akʰlór]
pata (f)	բադ	[bad]
pato (macho)	բադաքլոր	[badakʰlór]
ganso (m)	սագ	[sag]
peru (m)	հնդկահավ	[hndkaháv]
perua (f)	հնդկահավ	[hndkaháv]
animais (m pl) domésticos	ընտանի կենդանիներ	[əntaní kendaninér]
domesticado	ձեռնասուն	[dzernasún]
domesticar (vt)	ընտելացնել	[əntelatsʰnél]
criar (vt)	բուծել	[butsél]
quinta (f)	ֆերմա	[férma]
aves (f pl) domésticas	ընտանի թռչուններ	[əntaní tʰrčunnér]
gado (m)	անասուն	[anasún]
rebanho (m), manada (f)	նախիր	[naxír]
estábulo (m)	ախոռ	[axór]
pocilga (f)	խոզանոց	[xozanótsʰ]
estábulo (m)	գոմ	[gom]
coelheira (f)	ճագարանոց	[čagaranótsʰ]
galinheiro (m)	հավանոց	[havanótsʰ]

90. Pássaros

pássaro (m), ave (f)	թռչուն	[tʰrčun]
pombo (m)	աղավնի	[aġavní]
pardal (m)	ճնճղուկ	[čnčġuk]
chapim-real (m)	երաշտահավ	[eraštaháv]
pega-rabuda (f)	կաչաղակ	[kačaġák]
corvo (m)	ագռավ	[agráv]

gralha (f) cinzenta	ագռավ	[agráv]
gralha-de-nuca-cinzenta (f)	ճայակ	[čaják]
gralha-calva (f)	սերմնագռավ	[sermnagráv]
pato (m)	բադ	[bad]
ganso (m)	սագ	[sag]
faisão (m)	փասիան	[pʰasián]
águia (f)	արծիվ	[artsív]
açor (m)	շահեն	[šahén]
falcão (m)	բազե	[bazé]
abutre (m)	անգղ	[angǵ]
condor (m)	պասկուճ	[paskúč]
cisne (m)	կարապ	[karáp]
grou (m)	կռունկ	[krunk]
cegonha (f)	արագիլ	[aragíl]
papagaio (m)	թութակ	[tʰutʰák]
beija-flor (m)	կոլիբրի	[kolíbri]
pavão (m)	սիրամարգ	[siramárg]
avestruz (m)	ջայլամ	[dʒajlám]
garça (f)	ձկնկուլ	[dzknkul]
flamingo (m)	վարդաթևիկ	[vardatʰevík]
pelicano (m)	հավալուսն	[havalúsn]
rouxinol (m)	սոխակ	[soxák]
andorinha (f)	ծիծեռնակ	[tsitsernák]
tordo-zornal (m)	կեռնեխ	[kernéx]
tordo-músico (m)	երգող կեռնեխ	[ergóǵ kernéx]
melro-preto (m)	սև կեռնեխ	[sév kernéx]
andorinhão (m)	ջրածիծառ	[dʒratsitsár]
cotovia (f)	արտույտ	[artújt]
codorna (f)	լոր	[lor]
pica-pau (m)	փայտփորիկ	[pʰajtpʰorík]
cuco (m)	կկու	[kəkú]
coruja (f)	բու	[bu]
corujão, bufo (m)	բվեճ	[bveč]
tetraz-grande (m)	խլահավ	[xlaháv]
tetraz-lira (m)	ցախաքլոր	[tsʰaxakʰlór]
perdiz-cinzenta (f)	կաքավ	[kakʰáv]
estorninho (m)	սարյակ	[sarják]
canário (m)	դեղձանիկ	[deǵdzaník]
galinha-do-mato (f)	աքար	[akʰár]
tentilhão (m)	սերինոս	[serinós]
dom-fafe (m)	խածկտիկ	[xatsktík]
gaivota (f)	ճայ	[čaj]
albatroz (m)	ալբատրոս	[albatrós]
pinguim (m)	պինգվին	[pingvín]

91. Peixes. Animais marinhos

brema (f)	բրամ	[bram]
carpa (f)	գետաձածան	[getatsatsán]
perca (f)	պերկես	[perkés]
siluro (m)	լոքո	[lokʰó]
lúcio (m)	գայլաձուկ	[gajladzúk]
salmão (m)	սաղման	[saġmán]
esturjão (m)	թառափ	[tʰarápʰ]
arenque (m)	ծովատառեխ	[tsovataréχ]
salmão (m)	սաղման ձուկ	[saġmán dzuk]
cavala, sarda (f)	թյունիկ	[tʰjuník]
solha (f)	տափակաձուկ	[tapʰakadzúk]
lúcio perca (m)	շիղաձուկ	[šiġadzúk]
bacalhau (m)	ձողաձուկ	[dzoġadzúk]
atum (m)	թյունոս	[tʰjunnós]
truta (f)	իշխան	[išχán]
enguia (f)	օձաձուկ	[odzadzúk]
raia elétrica (f)	էլեկտրավոր կատվաձուկ	[ēlektravór katvadzúk]
moreia (f)	մուրենա	[muréna]
piranha (f)	պիրանյա	[piránja]
tubarão (m)	շնաձուկ	[šnadzúk]
golfinho (m)	դելֆին	[delfín]
baleia (f)	կետ	[ket]
caranguejo (m)	ծովախեցգետին	[tsovaχetsʰgetín]
medusa, alforreca (f)	մեդուզա	[medúza]
polvo (m)	ութոտնուկ	[utʰotnúk]
estrela-do-mar (f)	ծովաստղ	[tsovástġ]
ouriço-do-mar (m)	ծովոզնի	[tsovozní]
cavalo-marinho (m)	ծովաձի	[tsovadzí]
ostra (f)	ոստրե	[vostré]
camarão (m)	մանր ծովախեցգետին	[mánr tsovaχetsʰgetín]
lavagante (m)	օմար	[omár]
lagosta (f)	լանգուստ	[langúst]

92. Amfíbios. Répteis

serpente, cobra (f)	օձ	[odz]
venenoso	թունավոր	[tʰunavór]
víbora (f)	իժ	[iʒ]
cobra-capelo, naja (f)	կոբրա	[kóbra]
pitão (m)	պիթոն	[pitʰón]
jiboia (f)	վիշապօձ	[višapódz]
cobra-de-água (f)	լորտու	[lortú]

cascavel (f)	խարամանի	[χaramaní]
anaconda (f)	անակոնդա	[anakónda]
lagarto (m)	մողես	[moġés]
iguana (f)	իգուանա	[iguána]
varano (m)	վարան	[varán]
salamandra (f)	սալամանդր	[salamándr]
camaleão (m)	քամելեոն	[kʰameleón]
escorpião (m)	կարիճ	[karíč]
tartaruga (f)	կրիա	[kriá]
rã (f)	գորտ	[gort]
sapo (m)	դոդոշ	[dodóš]
crocodilo (m)	կոկորդիլոս	[kokordilós]

93. Insetos

inseto (m)	միջատ	[midʒát]
borboleta (f)	թիթեռ	[tʰitʰér]
formiga (f)	մրջուն	[mrdʒun]
mosca (f)	ճանճ	[čanč]
mosquito (m)	մոծակ	[motsák]
escaravelho (m)	բզեզ	[bzez]
vespa (f)	իշամեղու	[išameġú]
abelha (f)	մեղու	[meġú]
mamangava (f)	կրետ	[kret]
moscardo (m)	բոռ	[bor]
aranha (f)	սարդ	[sard]
teia (f) de aranha	սարդոստայն	[sardostájn]
libélula (f)	ճպուռ	[čpur]
gafanhoto-do-campo (m)	մորեխ	[moréχ]
traça (f)	թիթեռնիկ	[tʰitʰerník]
barata (f)	ուտիճ	[utič]
carraça (f)	տիզ	[tiz]
pulga (f)	լու	[lu]
borrachudo (m)	մլակ	[mlak]
gafanhoto (m)	մարախ	[maráχ]
caracol (m)	խխունջ	[χəχúndʒ]
grilo (m)	ծղրիդ	[tsġrid]
pirilampo (m)	լուսատիտիկ	[lusatitík]
joaninha (f)	զատիկ	[zatík]
besouro (m)	մայիսյան բզեզ	[majisján bzez]
sanguessuga (f)	տզրուկ	[tzruk]
lagarta (f)	թրթուր	[tʰrtʰur]
minhoca (f)	որդ	[vord]
larva (f)	թրթուր	[tʰrtʰur]

FLORA

94. Árvores

árvore (f)	ծառ	[tsar]
decídua	սաղարթավոր	[saġartʰavór]
conífera	փշատերև	[pʰšaterév]
perene	մշտադալար	[mštadalár]
macieira (f)	խնձորենի	[χndzorení]
pereira (f)	տանձենի	[tandzení]
cerejeira (f)	կեռասենի	[kerasení]
ginjeira (f)	բալենի	[balení]
ameixeira (f)	սալորենի	[salorení]
bétula (f)	կեչի	[kečí]
carvalho (m)	կաղնի	[kaġní]
tília (f)	լորի	[lorí]
choupo-tremedor (m)	կաղամախի	[kaġamaχí]
bordo (m)	թխկի	[tʰχki]
espruce-europeu (m)	եղևնի	[eġevní]
pinheiro (m)	սոճի	[sočí]
alerce, lariço (m)	կուենի	[kuení]
abeto (m)	բրգաձև սոճի	[brgadzév sočí]
cedro (m)	մայրի	[majrí]
choupo, álamo (m)	բարդի	[bardí]
tramazeira (f)	սնձենի	[sndzení]
salgueiro (m)	ուռենի	[urení]
amieiro (m)	լաստենի	[lastení]
faia (f)	հաճարենի	[hačarení]
ulmeiro (m)	ծփի	[tspʰi]
freixo (m)	հացենի	[hatsʰení]
castanheiro (m)	շագանակենի	[šaganakení]
magnólia (f)	կդրի	[kġbi]
palmeira (f)	արմավենի	[armavení]
cipreste (m)	նոճի	[nočí]
mangue (m)	մանգրածառ	[mangratsár]
embondeiro, baobá (m)	բաոբաբ	[baobáb]
eucalipto (m)	էվկալիպտ	[ēvkalípt]
sequoia (f)	սեկվոյա	[sekvója]

95. Arbustos

arbusto (m)	թուփ	[tʰupʰ]
arbusto (m), moita (f)	թփուտ	[tʰpʰut]

| videira (f) | խաղող | [χaġóġ] |
| vinhedo (m) | խաղողի այգի | [χaġoġí ajgí] |

framboeseira (f)	մորի	[morí]
groselheira-vermelha (f)	կարմիր հաղարջ	[karmír haġárdʒ]
groselheira (f) espinhosa	հաղարջ	[haġárdʒ]

acácia (f)	ակացիա	[akátsʰia]
bérberis (f)	ծորենի	[tsorení]
jasmim (m)	հասմիկ	[hasmík]

junípero (m)	գիհի	[gihí]
roseira (f)	վարդենի	[vardení]
roseira (f) brava	մասուր	[masúr]

96. Frutos. Bagas

maçã (f)	խնձոր	[χndzor]
pera (f)	տանձ	[tandz]
ameixa (f)	սալոր	[salór]
morango (m)	ելակ	[elák]
ginja (f)	բալ	[bal]
cereja (f)	կեռաս	[kerás]
uva (f)	խաղող	[χaġóġ]

framboesa (f)	մորի	[morí]
groselha (f) preta	սև հաղարջ	[sév haġárdʒ]
groselha (f) vermelha	կարմիր հաղարջ	[karmír haġárdʒ]
groselha (f) espinhosa	հաղարջ	[haġárdʒ]
oxicoco (m)	լոռամրգի	[loramrgí]
laranja (f)	նարինջ	[naríndʒ]
tangerina (f)	մանդարին	[mandarín]
ananás (m)	արքայախնձոր	[arkʰajaχndzór]
banana (f)	բանան	[banán]
tâmara (f)	արմավ	[armáv]

limão (m)	կիտրոն	[kitrón]
damasco (m)	ծիրան	[tsirán]
pêssego (m)	դեղձ	[deġdz]
kiwi (m)	կիվի	[kívi]
toranja (f)	գրեյպֆրուտ	[grejpfrút]

baga (f)	հատապտուղ	[hataptúġ]
bagas (f pl)	հատապտուղներ	[hataptuġnér]
arando (m) vermelho	հապալաս	[hapalás]
morango-silvestre (m)	վայրի ելակ	[vajrí elák]
mirtilo (m)	հապալաս	[hapalás]

97. Flores. Plantas

| flor (f) | ծաղիկ | [tsaġík] |
| ramo (m) de flores | ծաղկեփունջ | [tsaġkepʰúndʒ] |

rosa (f)	վարդ	[vard]
tulipa (f)	վարդակակաչ	[vardakakáč]
cravo (m)	մեխակ	[meχák]
gladíolo (m)	թրաշուշան	[tʰrašušán]
centáurea (f)	կապույտ տերեփուկ	[kapújt terepʰúk]
campânula (f)	զանգակ	[zangák]
dente-de-leão (m)	կաթնուկ	[katʰnúk]
camomila (f)	երիցուկ	[eritsʰúk]
aloé (m)	ալոե	[alóe]
cato (m)	կակտուս	[káktus]
fícus (m)	ֆիկուս	[fíkus]
lírio (m)	շուշան	[šušán]
gerânio (m)	խորդենի	[χordení]
jacinto (m)	հակինթ	[hakíntʰ]
mimosa (f)	պատկարուկ	[patkarúk]
narciso (m)	նարգիզ	[nargíz]
capuchinha (f)	ջրկոտեմ	[dʒrkotém]
orquídea (f)	խոլորձ	[χolórdz]
peónia (f)	բաշվարդ	[kʰadʒvárd]
violeta (f)	մանուշակ	[manušák]
amor-perfeito (m)	երագույն մանուշակ	[eragújn manušák]
não-me-esqueças (m)	անմոռուկ	[anmorúk]
margarida (f)	մարգարտածաղիկ	[margartatsaģík]
papoula (f)	կակաչ	[kakáč]
cânhamo (m)	կանեփ	[kanépʰ]
hortelã (f)	անանուխ	[ananúχ]
lírio-do-vale (m)	հովտաշուշան	[hovtašušán]
campânula-branca (f)	ձնծաղիկ	[dzntsaģík]
urtiga (f)	եղինջ	[eģíndʒ]
azeda (f)	թրթնջուկ	[tʰrtʰndʒuk]
nenúfar (m)	ջրաշուշան	[dʒrašušán]
feto (m), samambaia (f)	ձարխոտ	[dzarχót]
líquen (m)	քարաքոս	[kʰarakʰós]
estufa (f)	ջերմոց	[dʒermótsʰ]
relvado (m)	գազոն	[gazón]
canteiro (m) de flores	ծաղկաթումբ	[tsaģkatʰúmb]
planta (f)	բույս	[bujs]
erva (f)	խոտ	[χot]
folha (f) de erva	խոտիկ	[χotík]
folha (f)	տերև	[terév]
pétala (f)	թերթիկ	[tʰertʰík]
talo (m)	ցողուն	[tsʰoģún]
tubérculo (m)	պալար	[palár]
broto, rebento (m)	ծիլ	[tsil]

espinho (m)	փուշ	[pʰuš]
florescer (vi)	ծաղկել	[tsaġkél]
murchar (vi)	թոշնել	[tʰršnel]
cheiro (m)	բուրմունք	[burmúnkʰ]
cortar (flores)	կտրել	[ktrel]
colher (uma flor)	պոկել	[pokél]

98. Cereais, grãos

grão (m)	հացահատիկ	[hatsʰahatík]
cereais (plantas)	հացահատիկային բույսեր	[hatsʰahatikajín bujsér]
espiga (f)	հասկ	[hask]
trigo (m)	ցորեն	[tsʰorén]
centeio (m)	տարեկան	[tarekán]
aveia (f)	վարսակ	[varsák]
milho-miúdo (m)	կորեկ	[korék]
cevada (f)	գարի	[garí]
milho (m)	եգիպտացորեն	[egiptatsʰorén]
arroz (m)	բրինձ	[brindz]
trigo-sarraceno (m)	հնդկացորեն	[hndkatsʰorén]
ervilha (f)	սիսեռ	[sisér]
feijão (m)	լոբի	[lobí]
soja (f)	սոյա	[sojá]
lentilha (f)	ոսպ	[vosp]
fava (f)	լոբազգիներ	[lobazginér]

PAÍSES DO MUNDO

99. Países. Parte 1

Afeganistão (m)	Աֆղանստան	[afganstán]
África do Sul (f)	Հարավ-Աֆրիկյան Հանրապետություն	[haráv afrikján hanrapetutʰjún]
Albânia (f)	Ալբանիա	[albánia]
Alemanha (f)	Գերմանիա	[germánia]
Arábia (f) Saudita	Սաուդյան Արաբիա	[saudján arábia]
Argentina (f)	Արգենտինա	[argentína]
Arménia (f)	Հայաստան	[hajastán]
Austrália (f)	Ավստրալիա	[avstrália]
Áustria (f)	Ավստրիա	[avstria]
Azerbaijão (m)	Ադրբեջան	[adrbedʒán]
Bahamas (f pl)	Բահամյան կղզիներ	[bahamján kġzinér]
Bangladesh (m)	Բանգլադեշ	[bangladéš]
Bélgica (f)	Բելգիա	[bélgia]
Bielorrússia (f)	Բելառուս	[belarús]
Bolívia (f)	Բոլիվիա	[bolívia]
Bósnia e Herzegovina (f)	Բոսնիա և Հերցեգովինա	[bósnia év hertsʰegovína]
Brasil (m)	Բրազիլիա	[brazília]
Bulgária (f)	Բուլղարիա	[bulġária]
Camboja (f)	Կամպուչիա	[kampučía]
Canadá (m)	Կանադա	[kanáda]
Cazaquistão (m)	Ղազախստան	[ġazaχstán]
Chile (m)	Չիլի	[číli]
China (f)	Չինաստան	[činastán]
Chipre (m)	Կիպրոս	[kiprós]
Colômbia (f)	Կոլումբիա	[kolúmbia]
Coreia do Norte (f)	Հյուսիսային Կորեա	[hjusisajín koréa]
Coreia do Sul (f)	Հարավային Կորեա	[haravajín koréa]
Croácia (f)	Խորվատիա	[χorvátia]
Cuba (f)	Կուբա	[kúba]
Dinamarca (f)	Դանիա	[dánia]
Egito (m)	Եգիպտոս	[egiptós]
Emirados Árabes Unidos	Միավորված Արաբական Էմիրություններ	[miavorváts arabakán ēmirutʰjunnér]
Equador (m)	Էկվադոր	[ēkvadór]
Escócia (f)	Շոտլանդիա	[šotlándia]
Eslováquia (f)	Սլովակիա	[slovákia]
Eslovénia (f)	Սլովենիա	[slovénia]
Espanha (f)	Իսպանիա	[ispánia]
Estados Unidos da América	Ամերիկայի Միացյալ Նահանգներ	[amerikají miatsʰjál nahangnér]

Estónia (f) Էստոնիա [ēstónia]
Finlândia (f) Ֆինլանդիա [finlándia]
França (f) Ֆրանսիա [fránsia]

100. Países. Parte 2

Gana (f)	Գանա	[gána]
Geórgia (f)	Վրաստան	[vrastán]
Grã-Bretanha (f)	Մեծ Բրիտանիա	[mets británia]
Grécia (f)	Հունաստան	[hunastán]
Haiti (m)	Հայիթի	[haitʰí]
Hungria (f)	Վենգրիա	[véngria]
Índia (f)	Հնդկաստան	[hndkastán]

Indonésia (f)	Ինդոնեզի	[indonézia]
Inglaterra (f)	Անգլիա	[ánglia]
Irão (m)	Պարսկաստան	[parskastán]
Iraque (m)	Իրաք	[irákʰ]
Irlanda (f)	Իռլանդիա	[irlándia]
Islândia (f)	Իսլանդիա	[islándia]
Israel (m)	Իսրայել	[israjél]

Itália (f)	Իտալիա	[itália]
Jamaica (f)	Ջամայկա	[jamájka]
Japão (m)	Ճապոնիա	[čapónia]
Jordânia (f)	Հորդանան	[hordanán]
Kuwait (m)	Քուվեյթ	[kʰuvéjtʰ]
Laos (m)	Լաոս	[laós]
Letónia (f)	Լատվիա	[látvia]

Líbano (m)	Լիբանան	[libanán]
Líbia (f)	Լիբիա	[líbia]
Liechtenstein (m)	Լիխտենեշտայն	[liχtenštájn]
Lituânia (f)	Լիտվա	[litvá]
Luxemburgo (m)	Լյուքսեմբուրգ	[ljukʰsembúrg]

Macedónia (f)	Մակեդոնիա	[makedónia]
Madagáscar (m)	Մադագասկար	[madagaskár]

Malásia (f)	Մալայզիա	[malájzia]
Malta (f)	Մալթա	[máltʰa]
Marrocos	Մարոկկո	[marókko]
México (m)	Մեքսիկա	[mékʰsika]
Myanmar (m), Birmânia (f)	Մյանմար	[mjanmár]

Moldávia (f)	Մոլդովա	[moldóva]
Mónaco (m)	Մոնակո	[monáko]

Mongólia (f)	Մոնղոլիա	[mongólia]
Montenegro (m)	Չեռնոգորիա	[černogória]
Namíbia (f)	Նամիբիա	[namíbia]
Nepal (m)	Նեպալ	[nepál]
Noruega (f)	Նորվեգիա	[norvégia]
Nova Zelândia (f)	Նոր Զելանդիա	[nor zelándia]

101. Países. Parte 3

Português	Arménio	Transcrição
Países (m pl) Baixos	Նիդեռլանդներ	[niderlandnér]
Palestina (f)	Պաղեստինյան ինքնավարություն	[pagestinján inkʰnavarutʰjún]
Panamá (m)	Պանամա	[panáma]
Paquistão (m)	Պակիստան	[pakistán]
Paraguai (m)	Պարագվայ	[paragváj]
Peru (m)	Պերու	[perú]
Polinésia Francesa (f)	Ֆրանսիական Պոլինեզիա	[fransiakán polinézia]
Polónia (f)	Լեհաստան	[lehastán]
Portugal (m)	Պորտուգալիա	[portugália]
Quénia (f)	Քենիա	[kʰénia]
Quirguistão (m)	Ղրղզստան	[ġrġzstan]
República (f) Checa	Չեխիա	[čéxia]
República (f) Dominicana	Դոմինիկյան հանրապետություն	[dominikján hanrapetutʰjún]
Roménia (f)	Ռումինիա	[rumínia]
Rússia (f)	Ռուսաստան	[rusastán]
Senegal (m)	Սենեգալ	[senegál]
Sérvia (f)	Սերբիա	[sérbia]
Síria (f)	Սիրիա	[síria]
Suécia (f)	Շվեդիա	[švédia]
Suíça (f)	Շվեյցարիա	[švejtsʰária]
Suriname (m)	Սուրինամ	[surinám]
Tailândia (f)	Թաիլանդ	[tʰailánd]
Taiwan (m)	Թայվան	[tʰajván]
Tajiquistão (m)	Տաջիկստան	[tadʒikstán]
Tanzânia (f)	Տանզանիա	[tanzánia]
Tasmânia (f)	Տասմանիա	[tasmánia]
Tunísia (f)	Թունիս	[tʰunís]
Turquemenistão (m)	Թուրքմենստան	[tʰurkʰmenstán]
Turquia (f)	Թուրքիա	[tʰúrkʰia]
Ucrânia (f)	Ուկրաինա	[ukraína]
Uruguai (m)	Ուրուգվայ	[urugváj]
Uzbequistão (f)	Ուզբեկստան	[uzbekstán]
Vaticano (m)	Վատիկան	[vatikán]
Venezuela (f)	Վենեսուելա	[venesuéla]
Vietname (m)	Վիետնամ	[vjetnám]
Zanzibar (m)	Զանզիբար	[zanzibár]

www.ingramcontent.com/pod-product-compliance
Lightning Source LLC
Chambersburg PA
CBHW070833050426
42452CB00011B/2262